DETOX

Mit der kostenlosen »GU Diät Plus«-App zum Buch haben Sie Ihre Lieblingsrezepte immer dabei und können sich Ihren persönlichen Detox-Wochenplan zusammenstellen.

Und so einfach geht´s:

Laden Sie die kostenlose »GU Diät Plus«-App im Apple App Store oder im Google Play Store auf Ihr Smartphone. Starten Sie die App und wählen Sie Ihren Titel aus. Scannen Sie das gewünschte Rezeptbild mit der Kamera Ihres Smartphones. Klicken Sie im Display auf die Funktion Ihrer Wahl: Sammeln Sie Ihre Lieblingsrezepte, speichern und verschicken Sie Ihre Einkaufsliste per E-Mail oder stellen Sie sich aus den Rezepten Ihren persönlichen Wochenplan zusammen.

DETOX
DAS KOCHBUCH

AUTORIN: NICOLE STAABS
FOTOS: COCO LANG

DIE
GU-QUALITÄTS-
GARANTIE

Wir möchten Ihnen mit den Informationen und Anregungen in diesem Buch das Leben erleichtern und Sie inspirieren, Neues auszuprobieren. Bei jedem unserer Bücher achten wir auf Aktualität und stellen höchste Ansprüche an Inhalt, Optik und Ausstattung. Alle Rezepte und Informationen werden von unseren Autoren gewissenhaft erstellt und von unseren Redakteuren sorgfältig ausgewählt und mehrfach geprüft. Deshalb bieten wir Ihnen eine 100%ige Qualitätsgarantie.

Darauf können Sie sich verlassen:
Wir legen Wert darauf, dass unsere Kochbücher zuverlässig und inspirierend zugleich sind. Wir garantieren:
• dreifach getestete Rezepte
• sicheres Gelingen durch Schritt-für-Schritt-Anleitungen und viele nützliche Tipps
• eine authentische Rezept-Fotografie

Wir möchten für Sie immer besser werden:
Sollten wir mit diesem Buch Ihre Erwartungen nicht erfüllen, lassen Sie es uns bitte wissen! Nehmen Sie einfach Kontakt zu unserem Leserservice auf. Sie erhalten von uns kostenlos einen Ratgeber zum gleichen oder ähnlichen Thema. Die Kontaktdaten unseres Leserservice finden Sie am Ende dieses Buches.

GRÄFE UND UNZER VERLAG
Der erste Ratgeberverlag – seit 1722.

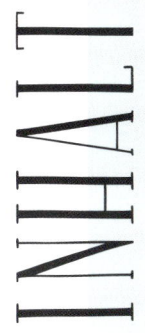
14
FRÜHSTÜCK

Der Morgen macht den Tag! Deswegen: Auch wenn es morgens schnell gehen muss – nehmen Sie sich Zeit für das Frühstück und eine gemütliche Tasse Tee. So starten Sie entspannt und voller Energie in den Tag.

44
MITTAGESSEN

Auch mittags ist Detox kein Problem: Alle Gerichte sind wunderbar zum Mitnehmen ins Büro geeignet! Suppen sind in der Mikrowelle blitzschnell erwärmt, und Salate bleiben knackfrisch, wenn Sie das Dressing separat mitnehmen.

82
ABENDESSEN

Wer möchte, lässt während des Detoxens tierische Produkte ganz vom Speiseplan. Trotzdem – oder vielleicht gerade deshalb – duftet es zu Detox-Zeiten in der Küche kräuterwürzig, ingwerscharf und wunderbar aromatisch.

114
FLEISCH & FISCH

Wer während des Detoxens nicht ganz auf Fleisch oder Fisch verzichten mag, findet hier das Richtige: leichte Rezepte, perfekt fürs Entgiften. Und so köstlich, dass sie auch mal ohne Detox-Kur auf den Tisch dürfen …

LIEBE LESERIN, LIEBER LESER,

unser aller Alltag kann manchmal ganz schön stressig sein. Bei mir war es so: Es war Ende 2009, die Zeit der Weihnachtsfeiern. Wenn man ein Restaurant hat, ist das die trubeligste Zeit des Jahres. Ich war müde, unkonzentriert, unfit – und sah auch so aus. Was tun? Auf einer amerikanischen Website las ich von Detox, einer modernen Form der Entgiftung. Durch eine sorgfältige Auswahl von Lebensmitteln und den bewussten Verzicht auf gewisse Dinge soll nicht nur der Körper entlastet, sondern gleichzeitig der Stoffwechsel angeregt werden. Mein Experiment mit einer Smoothie-Kur war ein voller Erfolg: Ich war morgens nicht mehr so müde, fühlte mich frischer und fitter. Sogar meine Freundinnen bemerkten den Wandel, und schon nach kurzer Zeit »detoxten« sie leidenschaftlich mit. Als die Nachfrage auch im Bekanntenkreis immer größer wurde, entwickelte ich schließlich die Idee zu DETOX Hamburg: Hier biete ich nicht nur Säfte, sondern ganze Detox-Menüs inklusive der Planung detaillierter Kuren an. Meine Gesundheit, die meiner Freunde und das tolle Feedback meiner Kundinnen geben mir jeden Tag recht. Für mich ist bewiesen: Man ist, was man isst. Doch im Alltag klappt das nun mal nicht immer. Und gerade darum sind regelmäßige Detox-Kuren mein kleines Energie-Elixier. Normalerweise gehört Kaffee zu meinem Morgen dazu, und auch auf Fleisch verzichte ich nicht – es schmeckt mir einfach zu gut. Aber dann und wann, wenn mein Körper sich meldet, lege ich einfach eine Pause ein. Eine Detox-Kur gibt mir neue Kraft und Energie – und lässt mich die Besonderheiten des Alltags wieder bewusster wahrnehmen.

Viel Spaß beim Nachkochen und Guten Appetit!
Ihre

Ballast verlieren, leichter werden, sich einfach besser fühlen – das klingt doch wunderbar verlockend. Aber: Warum fühlen wir uns eigentlich so erschöpft und müde vom Alltag? Mal ehrlich: Einseitige Ernährung, viel Kaffee, wenig Schlaf und Bewegung, dafür aber ordentlich Stress – dass unser Alltag nicht immer das Beste für den Körper ist, liegt wohl auf der Hand (und macht es verzeihlich, nicht jeden Tag wie frisch aus dem Ei gepellt auszusehen). Denn mit unserem konventionellen Lebensstil führen wir unserem Körper nicht nur Nährstoffe zu, sondern auch Fremd- oder sogar Schadstoffe. Die braucht der Körper aber gar nicht, und deshalb ist er ständig mit dem Abbau dieser Stoffe und der Entgiftung unseres Systems beschäftigt.

Die Folge: Wir fühlen uns müde und schlapp, die Haut ist fahl, und mit der Verdauung klappt es auch nicht immer so ganz. Das alles sind Zeichen, dass der Körper gar nicht so recht hinterherkommt mit dem Abbau von Schadstoffen und Alltagsgiften. Die Lösung: Dem Körper einfach mal eine Pause vom alltäglichen Lebensstil gönnen. Detox heißt im Klartext Hausputz für Körper und Seele. Es bringt mit ganz natürlichen Mitteln den Stoffwechsel auf Trab und hilft, Schad- und Giftstoffe abzubauen – und ohne die fühlen wir uns wieder vital, entspannt und voller Energie. Denn wenn die zentralen Stoffwechselorgane Leber, Darm und Nieren nicht überbeansprucht werden, sind auch die übrigen Lasten des Alltags kein Problem für uns.

DETOX – WIE GEHT DAS?

Während einer Detox-Kur nehmen Sie möglichst nur Lebensmittel zu sich, die Ihrem Körper guttun – und verzichten gleichzeitig auf andere, die ihn eher bremsen oder belasten. Konkret heißt das: kein Alkohol, kein Nikotin, kein Koffein. Außerdem ist es am besten, selbst und aus frischen Zutaten zu kochen, denn so vermeiden Sie Geschmacksverstärker, Zusatzstoffe und Ähnliches. Darüber hinaus verzichten Sie mit unseren Rezepten auf Weizen und Zucker und umgehen so starke Schwankungen des Blutzuckerspiegels. Salz bindet Wasser im Körper, darum sollten Sie es nur in sehr kleinen Dosen verwenden. Ich persönlich streiche während einer Detox-Kur auch tierische Produkte, also Fleisch und Milchprodukte, vom Speiseplan und habe sie daher in den Rezepten des Buches nicht verwendet. Da ich aber weiß, dass Sojajoghurt, Reismilch

und Co. nicht jedermanns Sache sind, können Sie diese auch gegen Kuhmilchprodukte austauschen. Und wem der Verzicht auf Fleisch und Fisch zu schwer fällt, der findet in einem Extra-Kapitel Detox-geeignete Rezepte.

Wichtig ist vor allem, dass Sie sich während der Detox-Kur wohlfühlen und spüren, dass Sie sich etwas Gutes tun. Gehen Sie die Kur ganz entspannt an: Schluss mit Essen zwischen Tür und Angel! Nehmen Sie sich Zeit für Genuss, essen Sie bewusst und ohne Hektik. Dann schmeckt alles gleich doppelt so gut, macht satt und glücklich.

Für körperliche Aktivitäten gilt: sich auf keinen Fall über-anstrengen. Treiben Sie nur mäßig Sport – aber unterneh-men Sie gerne ausgiebige Spaziergänge.

Vorbereiten brauchen Sie sich übrigens nicht auf eine Detox-Kur. Es kann sinnvoll sein, schon ein paar Tage vor-her auf Kaffee zu verzichten – das mildert die Stärke even-tueller Entzugserscheinungen wie etwa Kopfschmerzen. Ansonsten aber gilt: Sie können schon morgen anfangen!

DETOX – UND DANN?

Idealerweise starten Sie nach einer Detox-Kur nicht sofort wieder in die Vollen. Wahrscheinlich haben Sie aber ohnehin gemerkt: So viel Kaffee wie gedacht, brauchen Sie gar nicht. Sie werden auch mit weniger Fleisch satt. Und das tägliche Stück Kuchen kommt Ihnen nun vielleicht sogar einen Ticken zu süß vor. Wenn dem so ist: Wunder-bar! Nehmen Sie diese Eindrücke als Anlass, Ihre alltägli-chen Ernährungsgewohnheiten ein bisschen zu überden-ken, ja vielleicht sogar zu ändern. Und wenn Sie das Stück Kuchen dann doch so sehr anlacht und der Wein heute Abend gar so gut schmeckt – genießen Sie es! Und legen Sie ab und zu einfach mal eine kleine Detox-Pause ein – Ihr Körper und Ihr Kopf werden es Ihnen danken.

ACHTUNG, NEBENWIRKUNG!

Kopfschmerzen, Müdigkeit, Hautunreinheiten – das alles ist ganz normal während einer Detox-Kur! Bei mir sind die ersten drei Tage meist die schlimmsten, danach geht es aufwärts. Deshalb: Nicht entmutigen lassen! Schonen Sie sich einfach ein bisschen, schlafen Sie genügend und treiben Sie nur leichten Sport. Gegen eventuelles Kopfweh helfen mir übrigens ein paar Tropfen Pfefferminzöl auf den Schläfen, und einen knurrenden Magen besänftige ich mit einem großen Glas Ingwertee.

DETOX-BOOSTER

ROTE BETE

Rote Bete enthält eine Menge Eisen und Folsäure, das ist gut für die Blutbildung. Und dank vieler Antioxidanzien wirkt sie auch noch reinigend auf Leber und Darm. Na dann nichts wie ran an die Knolle!

INGWER

Ingwer ist der Detox-Klassiker schlechthi Die aromatisch-scharfe Wurzel bringt den Stoffwechsel auf Trab und fördert d Durchblutung. So werden Giftstoffe leich ausgeschieden. Ingwer hilft übrigens auc gegen Übelkeit, Unwohlsein oder leichte Erkältungserscheinungen.

CHILI

Feurig-scharf ist gut fürs Detoxing! Dank des Stoffes Capsaicin regt chilischarfes Essen die Verdauung an. Und eine flotte Verdauung bedeutet auch einen flotten Stoffwechsel, der Unerwünschtes schnell ausscheidet.

Viel Obst und Gemüse, viel Trinken – im Grunde wissen wir alle, wie gesunde Ernährung funktioniert.
Aber: Es gibt Lebensmittel, die aufgrund ihrer Inhaltsstoffe oder Wirkung ganz besonders gesund sind.
Die dürfen ab jetzt gerne öfter auf Ihrem Speiseplan stehen – als Topping fürs morgendliche Müsli,
einfach als Snack oder als Aromakick im nächsten Eintopf!

GOJIBEEREN

Klein, rot, ein bisschen verschrumpelt – beim Anblick
der kleinen Beeren denkt wohl niemand sofort an
gesunde Ernährung. Aber: Gojibeeren sind das
Superfood schlechthin! Sie enthalten so viele sekundäre
Pflanzenstoffe und Antioxidanzien wie keine andere
Frucht und gehören ab sofort ins Müsli!

GRANATAPFEL

Ordentlich Vitamine sowie Kalzium und Eisen
machen den Exoten schon unschlagbar gesund! Dazu
kommen noch jede Menge sekundärer Pflanzenstoffe,
die entzündungshemmend wirken und unsere Zellen
vor schädigenden freien Radikalen schützen.

GRAPEFRUIT

Rundum gesund: Über Grapefruit freut
sich vor allem die Leber. Die bioaktiven Stoffe
der Grapefruit unterstützen nämlich den
Fettstoffwechsel. Das ist richtig gut für den
Cholesterinspiegel, denn Fettsäuren werden
einfacher und schneller abgebaut – ideal
fürs Detoxing!

SELBST GEMACHTER MINZTEE

Den Ofen auf 160° vorheizen. 1 Bund Minze waschen, trocken schütteln und die Blätter von den Stielen zupfen. Ein Backblech mit Backpapier belegen, die Minzblätter darauf verteilen und das Backblech in den Ofen schieben. Zwischen Tür und Ofen einen Kochlöffel stecken, sodass die Tür einen Spalt geöffnet ist. Nach 10 Min. sollten die Minzblätter vollständig getrocknet sein. Das Backblech entnehmen, die Minze auskühlen lassen und luftdicht verpackt aufbewahren. 5 Gojibeeren in ein Teeglas geben, die Minzblätter von etwa 4 Stielen in ein Teesieb geben und mit heißem, nicht mehr kochendem Wasser aufgießen. Den Tee 10 Min. ziehen lassen, dann das Sieb mit den Minzblättern entnehmen.

NUSSMILCH

Für 500 ml Nussmilch 70 g Nüsse (z. B. Mandeln, Cashewkerne, Haselnüsse) 8–10 Std. (über Nacht) in reichlich Wasser einweichen. Das Wasser abgießen, die Nüsse mit klarem Wasser spülen und mit 500 ml Wasser in einen leistungsstarken Mixer geben. Alles bei höchster Stufe 3–4 Min. mixen. Die Flüssigkeit z. B. durch ein sauberes Stoff-Teesieb (Reformhaus) oder ein sauberes feines Tuch mittels eines Trichters in eine Flasche abseihen. Gut verschlossen hält sich die Nussmilch im Kühlschrank 2–3 Tage.

*Detox heißt auch: Viel trinken! Am besten 2 bis 3 Liter am Tag. Aber immer
nur Wasser…? Der Lieblings-Kräutertee bietet geschmackliche Abwechslung,
und hier finden Sie noch ein paar Ideen für leckere Alternativen.*

FRISCHER INGWERTEE

*In einem Topf 500 ml Wasser zum Kochen
bringen. 1 Stück Ingwer (ca. 2 cm) vorsichtig
schälen, in sehr dünne Scheiben schneiden und
in das kochende Wasser geben. Mindestens
10 Min. köcheln lassen (je länger der Ingwer
köchelt, desto geschmacksintensiver, aber auch
schärfer wird der Tee). Der Ingwertee lässt sich
mit frischem Zitronensaft, frischer Minze oder
Agavendicksaft verfeinern und schmeckt auch
kalt wunderbar erfrischend.*

BEERENWASSER

*1 Handvoll Beeren (z. B. Himbeeren,
Erdbeeren, Brombeeren) mit einem
Pürierstab pürieren. Das Püree durch
ein Sieb streichen und ganz nach
Geschmack mit Wasser auffüllen*

FRÜHSTÜCK

BIRCHER MÜSLI

FÜR 2 PERSONEN
ZUBEREITUNGSZEIT:
10 MIN. + 12 STD. EINWEICHEN
PRO PORTION: CA. 170 KCAL

4 EL grobe Haferflocken

1 EL Zitronensaft

2 EL Sojadrink / *alternativ:*
Naturjoghurt 3,5 % Fett

2 kleine Äpfel

1 EL gehackte Mandeln

Agavendicksaft (Bioladen)/
nach Belieben

1 Die Haferflocken mit 6 EL Wasser in eine Schüssel geben und abgedeckt über Nacht einweichen lassen.

2 1 EL Zitronensaft und 1 EL Sojadrink unter die Haferflocken rühren. Die Äpfel waschen, vierteln, entkernen und mit einer Gemüsereibe reiben. Die geriebenen Äpfel und die gehackten Mandeln unterrühren.

3 Bei Bedarf mit ½ EL Agavendicksaft süßen und das Müsli sofort servieren.

SOJADRINK

Für 500 ml Sojadrink 150 g getrocknete Sojabohnen (Bioladen) über Nacht in reichlich Wasser einweichen lassen. In ein Sieb geben und unter fließendem Wasser spülen. Die Sojabohnen mit ca. 500 ml Wasser in einen Mixer geben und auf höchster Stufe ca. 5 Min. mixen. Dann das komplette Gemisch in einen Kochtopf geben und bei mittlerer Temperatur ca. 15 Min. köcheln lassen. Anschließend durch ein sauberes Teesieb aus Stoff oder ein sauberes Seihtuch geben. Der Sojadrink hält sich in einem sauberen Gefäß im Kühlschrank gelagert ca. 2–3 Tage.

DETOX-MÜSLI

MIT MANGO

FÜR 2 PERSONEN
ZUBEREITUNGSZEIT: 10 MIN.
PRO PORTION: CA. 255 KCAL

½ Banane

1 Orange

50 g 4-Korn-Flocken (Bioladen)

1 Mango

1 EL getrocknete Cranberrys

Chiasamen (Bioladen)

1 Die Banane schälen. Die Orange halbieren und auspressen. Die halbe Banane mit dem Orangensaft mithilfe einer Gabel zu einem Brei zerdrücken. Die 4-Korn-Flocken einrühren und kurz ziehen lassen.

2 Die Mango schälen und würfeln. Die Mangowürfel mit den Cranberrys unter das Müsli geben, mit den Chiasamen bestreuen und servieren.

DETOX-FAKT

Chiasamen haben einen extrem hohen Proteingehalt, stecken voller Antioxidanzien und sind eine tolle Quelle für pflanzliche Omega-3-Fettsäuren. Sie sind sehr ballaststoffreich und quellen mit Wasser stark auf, was sich wunderbar regulierend auf die Verdauung auswirkt. Trinken Sie zu diesem Frühstück deshalb ein Glas Wasser.

AMARANTHMÜSLI MIT BEEREN

FÜR 2 PERSONEN
ZUBEREITUNGSZEIT: 35 MIN.
PRO PORTION: CA. 265 KCAL

50 g Amaranth (Reformhaus) /
eventuell schon am Abend
vorher garen

10 g Kürbiskerne

je 100 g Himbeeren und Johannis-
beeren (frisch oder TK) / *alterna-*
tiv: 200 g TK-Beerenmischung

300 g Sojajoghurt / *alternativ:*
Naturjoghurt 3,5 % Fett

1 EL Agavendicksaft (Bioladen)

1 Den Amaranth in 250 ml Wasser zum Kochen bringen und bei geringer Hitze in ca. 30 Min. weich kochen
lassen (genaue Garzeit siehe Packungsanweisung). Den
Amaranth in ein Sieb abgießen und kalt abschrecken.

2 Die Kürbiskerne in einer Pfanne ohne Öl kurz rösten,
bis sie Farbe bekommen. Die Beeren verlesen, waschen
und vorsichtig trocknen.

3 Den Amaranth mit dem Joghurt mischen und nach
Geschmack mit dem Agavendicksaft abschmecken.

4 Den Amaranth auf zwei Schalen verteilen, mit den
Früchten toppen. Die gerösteten Kürbiskerne darüber-
streuen und das Müsli servieren.

MÜSLI ZUM TRINKEN

Für 2 Gläser Power-Frühstücks-Smoothie ½ Mango
schälen, das Fruchtfleisch vom Stein schneiden und
mit 40 g Dinkelflocken, 100 g Sojajoghurt (alternativ:
Naturjoghurt 3,5 % Fett) und 1 TL Flohsamenschalen
(Bioladen) im Mixer pürieren. Bei Bedarf etwas Wasser
hinzufügen, sodass ein cremiger Smoothie entsteht.

FRUCHTSALAT MIT GRANAT-APFEL

FÜR 2 PERSONEN
ZUBEREITUNGSZEIT:
35 MIN. + 30 MIN. ZIEHEN
PRO PORTION: CA. 170 KCAL

1 Stück frischer Ingwer
(ca. 1 cm)

1 Orange

1 Granatapfel

100 g Physalis

1 Apfel

1 Den Ingwer schälen und in feine Streifen schneiden. Die Orange halbieren und auspressen. Orangensaft und Ingwer in einem kleinen Topf kurz aufkochen und bis zur Verwendung abgedeckt ziehen lassen.

2 Den Granatapfel horizontal rundherum mit einem Messer einritzen und die beiden Hälften, am besten über der Spüle, auseinanderbrechen. Eine Granatapfelhälfte mit den Kernen nach unten fest in der Hand über eine Schüssel halten und mit einem Kochlöffel vorsichtig auf die Schale schlagen, damit sich die Kerne lösen und in die Schüssel fallen. Die Kerne der anderen Granatapfelhälfte ebenso herauslösen. Die weißen Trennhäute auslesen, sie schmecken bitter.

3 Die Physalis aus den Hüllblättern lösen, waschen und halbieren. Den Apfel waschen, achteln, entkernen und in ca. 1 cm große Stücke schneiden. Beides in die Schüssel zu den Granatapfelkernen geben.

4 Alles mit der Orangen-Ingwer-Mischung marinieren, 30 Min. ziehen lassen und servieren.

DETOX-TIPP

Sie können den Fruchtsalat auch schon am Abend vorher vorbereiten, das Obst wird dann in der Marinade besonders aromatisch. Nur den Apfel sollten Sie wirklich erst kurz vor dem Servieren dazuschneiden, über Nacht würde er braun.

GRANOLA

MIT MANGO-PÜREE

FÜR 10 PORTIONEN
ZUBEREITUNG: 30 MIN.
PRO PORTION: CA. 145 KCAL

100 g Haferflocken / *grob oder fein nach Belieben*

30 g Mandelstifte

30 g Sonnenblumenkerne

10 g helle Sesamsamen

4 EL Pflanzenöl

60 g Agavendicksaft (Bioladen)

½ reife Mango pro Portion

1 Den Ofen auf 160° vorheizen und ein Backblech mit reichlich Backpapier auslegen.

2 Haferflocken, Mandelstifte, Sonnenblumenkerne, Sesam, Pflanzenöl und Agavendicksaft in einer Schale gründlich vermengen.

3 Den Haferflockenmix großzügig auf dem Backblech verteilen und für 10 Min. in den Ofen (Mitte) schieben.

4 Dann mit einem Pfannenheber alles wenden und mischen, damit nichts anbrennt, und für weitere 10 Min. im Ofen knusprig braun backen.

5 Inzwischen so viele Mangos schälen, wie benötigt (½ Frucht pro Portion). Das Mangofruchtfleisch vom Kern schneiden, in ein hohes schmales Gefäß geben und mit einem Pürierstab ein Püree herstellen.

6 Das Granola auskühlen lassen, pro Portion 2 EL Granola mit dem Mangopüree anrichten und servieren.

TIPP

Sie haben gar nicht alles aufgegessen? Kein Problem:
Übriges Granola lässt sich in einem luftdichten
Gefäß perfekt aufbewahren – da lohnt es sich sogar,
ein bisschen mehr zu machen!

SOJAJOGHURT

MIT FRUCHT-SALAT

FÜR 2 PERSONEN
ZUBEREITUNG: 10 MIN.
PRO PORTION: CA. 145 KCAL

½ Limette

1 Birne

50 g Weintrauben

100 g Beeren (z. B. Heidelbeeren)

200 g Sojajoghurt / *alternativ:*
Naturjoghurt 3,5 % Fett

1 EL Leinsamen

1 Die Limettenhälfte auspressen. Die Birne waschen, entkernen und in kleine Stücke schneiden, dann in einer Schüssel, in der das gesamte Obst Platz hat, mit dem Limettensaft mischen.

2 Weintrauben waschen und halbieren. Die Beeren verlesen, waschen und gut abtropfen lassen. Alles behutsam unter die Birnen mischen.

3 Das Obst in Schüsseln geben, den Joghurt daraufgeben. Mit Leinsamen bestreuen und servieren.

DETOX-TIPP

Den Fruchtsalat können Sie natürlich auch mit Ihrem Lieblingsobst zubereiten. Vor allem zu Erdbeeren und Apfel passt das Limettendressing wunderbar.

ERDBEER-TOFU-SMOOTHIE

MIT SONNENBLUMENKERNEN

FÜR 2 PERSONEN
ZUBEREITUNG: 10 MIN.
PRO PORTION: CA. 180 KCAL

200 g Seidentofu (Asialaden)

200 g frische Erdbeeren / *alternativ: TK-Erdbeeren*

2 Orangen

1 Zitrone

2 EL Sonnenblumenkerne

1 Den Tofu in grobe Stücke schneiden. Die Erdbeeren waschen, entkelchen, halbieren und in den Mixer geben.

2 Die Orangen und die Zitrone halbieren, auspressen und den Saft ebenfalls in den Mixer geben. Alles pürieren. Wasser zugeben, bis der Smoothie sämig-cremig ist.

3 Den Erdbeer-Tofu-Smoothie in Gläser gießen und mit den Sonnenblumenkernen garniert servieren oder bis zur Verwendung in den Kühlschrank stellen.

DETOX-TIPP

Statt der Erdbeeren bereite ich diesen Smoothie auch mit anderem Obst zu, zum Beispiel mit Mango, Banane, Pflaumen oder Himbeeren. Probieren Sie einfach Ihr Lieblingsobst aus!

PINK SMOOTHIE

MIT GRANATAPFEL

FÜR 2 PERSONEN
ZUBEREITUNGSZEIT: 10 MIN.
PRO PORTION: CA. 190 KCAL

1 Granatapfel

1 Pink Grapefruit

1 Birne / *je reifer, desto süßer der Smoothie!*

1 Den Granatapfel horizontal rundherum mit einem Messer einritzen und die beiden Hälften, am besten über der Spüle, auseinanderbrechen. Eine Granatapfelhälfte mit den Kernen nach unten fest in der Hand über eine Schüssel halten und mit einem Kochlöffel vorsichtig auf die Schale schlagen, damit sich die Kerne lösen und in die Schüssel fallen. Die Kerne der anderen Granatapfelhälfte ebenso herauslösen. Weiße Trennhäute auslesen, sie schmecken bitter. Kerne in den Mixer geben, dabei ein paar Kerne für die Deko zurückbehalten.

2 Die Grapefruit bis knapp ins Fruchtfleisch schälen und das Fruchtfleisch aus den Trennhäuten schneiden. Die Grapefruitfilets ebenfalls in den Mixer geben.

3 Die Birne waschen, halbieren, von Stiel und Kernhaus befreien und mit den Granatapfelkernen und den Grapefruitfilets im Mixer ca. 3 Min. pürieren. Dabei nach und nach so viel Wasser zugeben, dass eine sämigcremige Konsistenz erreicht wird.

4 Den Pink Smoothie in Gläser füllen, mit den zurückbehaltenen Granatapfelkernen garnieren und servieren oder bis zur Verwendung in den Kühlschrank stellen.

GELBER SMOOTHIE

Für 2 Gläser 1 Banane schälen und halbieren. ½ Ananas halbieren, schälen und den mittleren, festen Strunk entfernen. 1 Stück frischen Ingwer (1 cm) schälen, fein hacken und mit 200 ml Wasser und dem Obst in den Mixer geben. Auf höchster Stufe 3 Min. pürieren, den Smoothie in Gläser füllen und servieren.

MANGO-LASSI
MIT LIMETTE

FÜR 2 PERSONEN
ZUBEREITUNGSZEIT: 10 MIN.
PRO PORTION: CA. 100 KCAL

1 reife Mango

1 Bio-Limette

100 g Sojajoghurt / *alternativ:*
Naturjoghurt 3,5 % Fett

1 Die Mango schälen, das Fruchtfleisch vom Kern schneiden und in den Mixer geben.

2 Mit einem Zestenschneider oder einem feinen Messer Streifen von der Limettenschale lösen und diese ebenfalls in den Mixer geben, dabei ein paar Zesten für die Deko zurückbehalten. Die Limette halbieren, auspressen und den Saft mit dem Joghurt in den Mixer geben.

3 Jetzt Zutaten pürieren, dabei nach und nach Wasser hinzugeben, bis der Smoothie eine cremig-sämige Konsistenz erreicht hat.

4 Den Smoothie in Gläser füllen, mit den Limettenzesten garnieren und servieren oder bis zur Verwendung in den Kühlschrank stellen.

DETOX-FAKT

Mangos haben durch die in den Früchten
enthaltenen Verdauungsenzyme einen sehr positiven
Einfluss auf das Verdauungssystem. Die Kombination
von Mango und Joghurt macht dieses Lassi also
zu einem echten Bauchschmeichler.

GOJI-SMOOTHIE

MIT BANANE UND APFEL

FÜR 2 PERSONEN
ZUBEREITUNGSZEIT:
10 MIN. + 3 STD. EINWEICHEN
PRO PORTION: CA. 135 KCAL

30 g getrocknete Gojibeeren
(Bio- oder Asialaden)
+ Gojibeeren zum Garnieren /
nach Belieben

1 Banane / *am besten schön reif*

1 Apfel

1 Die Gojibeeren mit 100 ml Wasser in einem Glas 3 Std. ziehen lassen. Dann die Beeren mit dem Einweichwasser in den Mixer geben.

2 Die Banane schälen, halbieren und zu den Gojibeeren in den Mixer geben.

3 Den Apfel waschen, vierteln, entkernen und mit 300 ml Wasser in den Mixer geben. Alles ca. 3 Min. bei höchster Stufe pürieren, bis der Smoothie cremig ist. Bei Bedarf noch mehr Wasser hinzugeben.

4 Den Smoothie in Gläser geben, nach Belieben mit ein paar Gojibeeren garnieren und servieren oder bis zur Verwendung in den Kühlschrank stellen.

DETOX-TIPP

Gojibeeren gelten wegen ihrer tollen Inhaltsstoffe
als Superfood schlechthin. Sie schmecken
nicht nur in diesem Smoothie oder übers Müsli gestreut,
sondern sind auch ideal zum Zwischendurch-Knabbern.
Und wenn Sie beim nächsten Backen ein paar
Gojibeeren mit in den Teig geben, machen Sie
den Kuchen damit nicht nur pfiffiger, sondern
sogar ein kleines bisschen gesünder.

SPINAT-SMOOTHIE

MIT MINZE UND LIMETTE

FÜR 2 PERSONEN
ZUBEREITUNGSZEIT: 10 MIN.
PRO PORTION: CA. 35 KCAL

½ Salatgurke

2 Stiele Minze

1 Handvoll Blattspinat / *alternativ:*
4 TK-Spinat-Nuggets – die können
gefroren püriert werden

1 Limette

1 Die Gurke gut waschen, halbieren und das untere Ende entfernen. Dann die Gurke einfach ungeschält in grobe Stücke schneiden.

2 Die Minzblätter abzupfen. Zusammen mit dem Spinat waschen, verlesen und alles mit den Gurkenstücken in den Mixer geben. Nach Belieben ein paar Minzblätter für die Deko zurückbehalten.

3 Die Limette halbieren und auspressen, den Saft zusammen mit 100 ml Wasser in den Mixer geben und alles 3 Min. bei höchster Stufe mixen. Wenn der Smoothie zu dickflüssig ist, mehr Wasser hinzufügen.

4 Den Spinat-Smoothie in Gläser füllen, ggf. mit der zurückbehaltenen Minze garnieren und servieren oder bis zur Verwendung in den Kühlschrank stellen.

MEHR GRÜN!

Für 2 Gläser Zucchini-Smoothie 1 Zucchino waschen,
putzen und in grobe Stücke schneiden. 1 Bund Petersilie
waschen, trocken schütteln und grob hacken.
1 Stange Staudensellerie waschen und in Stücke
schneiden. Alles mit 1 TL Chiasamen und
100 ml Wasser im Mixer in 3 Min. zu einem cremigen
Smoothie pürieren und servieren.

ROTE-BETE-SMOOTHIE

MIT ANANAS UND APFEL

FÜR 2 PERSONEN
ZUBEREITUNGSZEIT: 10 MIN.
PRO PORTION: CA. 85 KCAL

1 Apfel

200 g Rote Bete
(vorgegart, vakuumverpackt)

¼ Ananas

1 Den Apfel waschen, halbieren und Stiel und Kernhaus entfernen. Dann den Apfel grob würfeln und in den Mixer geben. Die Rote Bete ebenfalls in grobe Stücke schneiden und in den Mixer geben.

2 Die Ananas schälen und den mittleren festen Strunk entfernen. Das Fruchtfleisch in Stücke schneiden und mit 300 ml Wasser zum Apfel und der Roten Bete geben.

3 Alles zu einem cremig-sämigen Smoothie pürieren, dabei bei Bedarf noch etwas Wasser hinzugeben. Den Smoothie in Gläser füllen und servieren oder bis zur Verwendung in den Kühlschrank stellen.

DETOX-FAKT

In diesem Drink ist nicht nur die Rote Bete der Star, auch die Ananas entgiftet kräftig! Ihr Enzym Bromelin hilft bei der Eiweißspaltung und kurbelt so die Verdauung an.

AVOCADO-SMOOTHIE
MIT BANANE

FÜR 2 PERSONEN
ZUBEREITUNGSZEIT: 10 MIN.
PRO PORTION: CA. 205 KCAL

½ reife Avocado

1 Banane

1 Orange

1 Das Avocadofleisch aus der Schale lösen, in grobe Stücke schneiden und in den Mixer geben.

2 Die Banane schälen, halbieren und zu den Avocadostücken in den Mixer geben.

3 Die Orange halbieren, auspressen und den Saft mit 100 ml Wasser in den Mixer geben.

4 Alles bei höchster Stufe mixen, bis der Smoothie schön cremig ist. Bei Bedarf mehr Wasser hinzufügen. Den Smoothie in Gläser geben und servieren oder bis zur Verwendung in den Kühlschank stellen.

DETOX-TIPP

Richtig erfrischend wird dieser Smoothie mit ein paar Eiswürfeln. Wer mag (und einen robusten Mixer besitzt) macht sich an heißen Tagen ein Avocado-Granita: Einfach das Wasser (oder einen Teil davon) durch Eiswürfel ersetzen und diese mitpürieren.

GEMÜSE-SMOOTHIE

MIT PAPRIKA UND TOMATE

FÜR 2 PERSONEN
ZUBEREITUNGSZEIT: 10 MIN.
PRO PORTION: CA. 60 KCAL

1 grüne Paprikaschote
1 grüner Apfel
1 Kohlrabi
2 Tomaten

1 Die Paprika waschen, vierteln, von Stiel und Samen befreien, in grobe Stücke schneiden und diese in den Mixer geben. Apfel waschen, vierteln und Kernhaus und Stiel entfernen. Dann den Apfel in grobe Stücke schneiden. Den Kohlrabi schälen, die Tomaten waschen. Kohlrabi und Tomaten ebenfalls in Stücke schneiden und alles in den Mixer geben.

2 200 ml Wasser zugeben und das Gemüse bei höchster Geschwindigkeit ca. 4 Min. pürieren, bis der Smoothie eine cremig-sämige Konsistenz hat – bei Bedarf noch etwas mehr Wasser hinzufügen.

3 Den Smoothie in Gläser füllen und servieren oder bis zur Verwendung in den Kühlschrank stellen.

DETOX-TIPP

Das Gemüse wird bei diesem Smoothie roh püriert.
So bleiben alle Vitamine und Mineralstoffe erhalten,
die durch Garen teilweise zerstört werden. Das Pürieren
öffnet die Zellwände und macht uns die gesunden
Inhaltsstoffe besonders leicht zugänglich.

MITTAGESSEN

REISPAPIERROLLEN

MIT MINZE UND MÖHRE

FÜR 2 PERSONEN
ZUBEREITUNGSZEIT: 30 MIN.
PRO PORTION: CA. 195 KCAL

1 Salatgurke
1 Möhre
4 Stiele Minze
½ Ananas
Meersalz | Pfeffer
6 Blatt Reispapier (Asialaden)

1 Die Gurke schälen, längs halbieren und mithilfe eines Löffels die Kerne entfernen. Die Gurkenstücke anschließend quer halbieren und in möglichst lange, dünne Streifen schneiden.

2 Die Möhre putzen und schälen und ebenfalls in lange, sehr dünne Streifen schneiden. Die Minze waschen und trocken schütteln, die Blätter abzupfen.

3 Für den Dip von der Ananas die Schale und den Strunk in der Mitte entfernen. Die Ananas grob zerkleinern und mithilfe eines Pürierstabes zu einem glatten Püree mixen. Mit etwas Salz und Pfeffer abschmecken.

4 Lauwarmes Wasser ins Waschbecken füllen, die Reispapierblätter jeweils ca. 5 Sek. unter Wasser tauchen und dann einzeln auf der Arbeitsplatte auslegen.

5 Wenn die Reispapierblätter das Wasser komplett aufgenommen haben und flexibel sind, die Gurken- und Möhrenstreifen sowie die Minzblätter längs mittig auf den Blättern platzieren. Die Seitenteile der Reispapierblätter jeweils in die Mitte klappen, anschließend das untere Ende straff nach oben ziehen und das obere Ende über das untere legen, sodass eine Rolle entsteht.

6 Die Reispapierrollen mit dem Ananasdip servieren.

DETOX-TIPP

Sie können die minzwürzige Gemüsefüllung der Reispapierrollen nach Belieben noch mit Sprossen verfeinern: Gut eignen sich gekeimte Bockshornkleesamen sowie Mungobohnen- oder Alfalfa-Sprossen.

COUSCOUS
MIT OLIVEN UND WALNÜSSEN

FÜR 2 PERSONEN
ZUBEREITUNGSZEIT: 25 MIN.
PRO PORTION: CA. 420 KCAL

1 Knoblauchzehe

1 Zwiebel

1 rote Paprikaschote

4 Tomaten

10 schwarze Oliven, ohne Stein

6 Walnusshälften

1 EL Olivenöl

300 ml Gemüsebrühe / *am besten selbst gekocht – oder aus dem Bioladen ohne Glutamat*

100 g Instant-Couscous

1 TL Kurkumapulver (Asialaden)

½ Zitrone

1 Bund Petersilie

1 Den Knoblauch und die Zwiebel schälen und fein würfeln. Die Paprika waschen, vierteln, von Stiel und Samen befreien und in 1 cm große Stücke schneiden. Die Tomaten waschen und vierteln. Oliven in schmale Ringe schneiden. Die Walnüsse mit den Händen klein brechen.

2 Das Olivenöl in einer Pfanne erhitzen. Knoblauch, Zwiebel, Paprika, Oliven, Walnüsse und Tomaten hinzugeben und 3 Min. anbraten. Die Brühe, den Couscous und das Kurkuma einstreuen und unter Rühren kurz aufkochen. Den Herd abstellen, die Pfanne abdecken und alles 10 Min. quellen lassen.

3 Die halbe Zitrone auspressen. Die Petersilie waschen und trocken schütteln, die Blättchen abzupfen und fein hacken. Den Zitronensaft und die Petersilie unter den Couscous heben. Diesen auf zwei Teller verteilen und das Gericht servieren.

DETOX-TIPP

Bewegung ist ganz wichtig während einer Detox-Kur. Nehmen Sie sich doch heute mal ein paar Minuten Zeit für einen kleinen Verdauungsspaziergang nach dem Mittagessen – 10 Minuten sind schon genug!

EDAMAME
MIT MEERSALZ

FÜR 2 PERSONEN
ZUBEREITUNGSZEIT: 10 MIN.
PRO PORTION: CA. 315 KCAL

500 g Edamame – Sojabohnen
in der Schale / *gibt's in der*
Tiefkühlabteilung im Asialaden

Meersalz

1 1 l Wasser mit ca. 1 TL Meersalz zum Kochen bringen. Die noch gefrorenen Edamame im Wasser ca. 5 Min. kochen. Die Bohnen dann in ein Sieb abgießen und kurz mit heißem Wasser abspülen.

2 Die Edamame in einer Schale anrichten und mit etwas Meersalz bestreut servieren.

3 Bei Tisch die Bohnen am schmaleren Ende halten und die Kerne mit den Zähnen aus der Schale ziehen.

DETOX-TIPP

Wer möchte, serviert die Edamame statt mit
Meersalz mit einem würzigen Dip: Für 2 Personen
1 Stück Ingwer (ca. 1 cm) schälen und in feine Würfel
schneiden. Mit 1 EL Sesamöl, 1 EL Chilisauce,
1 EL Agavendicksaft und 2 EL Sojasauce verrühren.

TOMATEN-GEMÜSE-TOPF

MIT KRÄUTERN

*FÜR 2 PERSONEN
ZUBEREITUNGSZEIT: 25 MIN.
PRO PORTION: CA. 245 KCAL*

½ Aubergine
1 gelbe Paprikaschote
½ Zucchino
1 rote Zwiebel
1 kleine Knoblauchzehe
8 Strauchtomaten
1 Zweig Rosmarin
1 Zweig Thymian
3 EL Olivenöl
1 Lorbeerblatt
Meersalz | Pfeffer aus der Mühle

1 Aubergine, Paprika und Zucchini waschen, putzen und würfeln. Die Zwiebel und den Knoblauch schälen und in feine Würfel schneiden. Die Strauchtomaten waschen und halbieren. Rosmarin und Thymian waschen und trocken schütteln, die Nadeln bzw. Blättchen von den Zweigen zupfen und fein hacken.

2 Das Olivenöl in einem Topf erhitzen und Zwiebel, Knoblauch, Rosmarin und Thymian darin leicht mit anschwitzen. Die Tomaten zugeben und diese ebenfalls leicht anschwitzen. Sobald die Tomaten beginnen, Flüssigkeit zu verlieren, das restliche Gemüse zugeben und alles 3 Min. schmoren lassen.

3 Anschließend ca. 500 ml Wasser und das Lorbeerblatt hinzugeben und den Eintopf bei geringer Hitze ca. 10 Min. köcheln lassen. Mit Meersalz und Pfeffer abschmecken und servieren.

FRUCHTIGE KOKOSSUPPE

MIT CURRY UND BANANE

FÜR 2 PERSONEN
ZUBEREITUNGSZEIT: 15 MIN.
PRO PORTION: CA. 230 KCAL

½ Banane

1 kleine Möhre

½ Ananas

1 Apfel

1 rote Zwiebel

1 EL Sesamöl

1 TL englisches Currypulver
(z. B. Asialaden) / *natürlich*
schmeckt auch anderes Currypulver

500 ml Kokosmilch

Meersalz | Pfeffer aus der Mühle

1 Die Banane und die Möhre schälen und in grobe Stücke schneiden. Von der Ananas die Schale und den Strunk entfernen. Den Apfel waschen, halbieren und entkernen. Beides würfeln. Die Zwiebel schälen und in feine Würfel schneiden.

2 Etwas Sesamöl in einem Topf erhitzen und die Zwiebelwürfel mit dem Currypulver darin leicht anschwitzen. Das Obst und die Möhre unter Rühren zugeben und bei schwacher Hitze leicht rösten. Dann die Kokosmilch zugeben und alles einige Min. leicht köcheln lassen, bis die Möhren weich sind.

3 Anschließend das Ganze mithilfe eines Pürierstabes pürieren. Die Suppe mit Meersalz und frisch gemahlenem Pfeffer abschmecken und servieren.

BLUMENKOHLSUPPE

MIT JUNGEM SPINAT

FÜR 2 PERSONEN
ZUBEREITUNGSZEIT: 25 MIN.
PRO PORTION: CA. 325 KCAL

1 Blumenkohl

1 Zwiebel

1 kleine Knoblauchzehe

1 EL Rapsöl

1 l Sojadrink / *alternativ: Kuhmilch 3,5 % Fett*

1 Handvoll frischer Babyspinat

Meersalz | Pfeffer

1 Den Blumenkohl putzen, in Röschen schneiden, diese waschen und in einem Sieb abtropfen lassen. Zwiebel und Knoblauch schälen und in feine Würfel schneiden.

2 Das Rapsöl in einem Topf erhitzen, Zwiebel und Knoblauch darin anschwitzen, bis sie glasig sind. Den Blumenkohl dazugeben und kurz mitbraten. Dann den Sojadrink aufgießen und den Blumenkohl ca. 15 Min. kochen, bis er weich wird und zerfällt.

3 Den Spinat waschen, verlesen und die Hälfte davon in den Topf zum Blumenkohl geben. Sobald der Spinat zusammenfällt, die Suppe mithilfe eines Pürierstabes glatt pürieren, mit Meersalz und Pfeffer abschmecken.

4 Den restlichen Spinat auf zwei Schalen verteilen, die heiße Suppe hinzugeben und sofort servieren.

DETOX-FAKT

Diese Suppe ist eine echte Kalium-Bombe: Sowohl im Blumenkohl als auch im Spinat steckt jede Menge dieses Mineralstoffs. Kalium spielt eine wichtige Rolle im Wasserhaushalt und hilft den Körper zu entwässern und damit Schadstoffe auszuleiten.

SÜSSKARTOFFELSUPPE

MIT KORIANDER-PESTO

FÜR 2 PERSONEN
ZUBEREITUNGSZEIT:
10 MIN. + 15 MIN. KÖCHELN
PRO PORTION: CA. 400 KCAL

Für die Suppe:

1 große Möhre

250 g Süßkartoffel(n)

1 Stange Lauch

2 EL Sesamöl

½ TL Zimtpulver

500 ml Sojadrink / *alternativ:*
Kuhmilch 3,5 % Fett

Für das Pesto:

1 kleine Knoblauchzehe

1 Bund Koriandergrün
(z. B. Asialaden)

1 EL Pinienkerne

1 EL Olivenöl

1 Die Möhre und die Süßkartoffel(n) schälen und grob würfeln. Die Lauchstange putzen, waschen und in feine Ringe schneiden.

2 Das Sesamöl in einem Topf erhitzen und den Lauch darin leicht anschwitzen. Süßkartoffel- und Möhrenstücke sowie den Zimt zugeben und ebenfalls leicht anschwitzen. Dann den Sojadrink hinzugeben und alles bei schwacher bis mittlerer Hitze ca. 15 Min. köcheln lassen, bis das Gemüse weich ist.

3 In der Zwischenzeit für das Pesto den Knoblauch schälen. Den Koriander waschen, trocken schütteln, grob hacken und mit den Pinienkernen, der Knoblauchzehe und dem Olivenöl in ein schmales, hohes Gefäß geben. Alles mit einem Pürierstab glatt pürieren.

4 Die Süßkartoffelsuppe ebenfalls mit dem Pürierstab pürieren, sie dann auf zwei Schalen verteilen, mit dem Pesto toppen und servieren.

MEHR SÜSSKARTOFFEL

Für eine Süßkartoffel-Kohlrabi-Pfanne 2 Kohlrabi und 300 g Süßkartoffel(n) schälen, würfeln und in Wasser in ca. 10 Min. bissfest kochen. Das Gemüse abgießen und in einer Pfanne in etwas Sesamöl anbraten. Inzwischen 3 Frühlingszwiebeln waschen, putzen und in etwas Wasser ca. 1 Min. andünsten. Dann mit 1 EL Olivenöl cremig pürieren und 1 TL Sesamsamen unterrühren. Das Gemüse mit etwas Meersalz und Pfeffer abschmecken und mit der Sesamcreme servieren.

KÜRBISSUPPE

FÜR 2 PERSONEN
ZUBEREITUNGSZEIT: 25 MIN.
PRO PORTION: CA. 310 KCAL

½ Hokkaido-Kürbis

1 rote Zwiebel

1 Frühlingszwiebel

2 EL Kürbiskernöl

600 ml Sojadrink / *alternativ:*
Kuhmilch 3,5 % Fett

10 g Kürbiskerne

2 Zweige Estragon

Meersalz | Pfeffer aus der Mühle

1 Den Hokkaido-Kürbis waschen, entkernen und fein würfeln. Dabei die Schale nicht entfernen, sie lässt sich mitessen. Die Zwiebel schälen und fein würfeln. Die Frühlingszwiebel waschen, putzen und das Weiße und Hellgrüne in feine Ringe schneiden.

2 Das Kürbiskernöl in einem Topf leicht erhitzen, die Kürbisstücke und Zwiebelwürfel hinzufügen und leicht anbraten, dann die Frühlingszwiebel hinzugeben und noch ca. 2 Min. anschwitzen. Den Sojadrink hinzufügen und alles bei schwacher Hitze und unter regelmäßigem Rühren ca. 20 Min. köcheln lassen.

3 Inzwischen die Kürbiskerne in einer Pfanne ohne Öl leicht anrösten. Den Estragon waschen, trocken schütteln und die Blättchen vom Stiel zupfen.

4 Die Suppe mit einem Pürierstab glatt pürieren und mit Salz und Pfeffer abschmecken. Dann die Kürbissuppe in zwei Schalen geben und mit dem Estragon und den Kürbiskernen bestreut servieren.

DETOX-FAKT

Was diese Suppe so gesund macht? Sie enthält die geballte Kraft des Kürbisses: Kürbisfruchtfleisch liefert unter anderem reichlich Kalium, das entwässernd wirkt. Kürbiskernöl und Kürbiskerne enthalten Vitamin E. Es kann dazu beitragen, schädliche Oxidanzien, die unsere Zellen zerstören können, zu deaktivieren.

ROTE-BETE-SUPPE

MIT GEMÜSE-KÜCHLEIN

FÜR 2 PERSONEN
ZUBEREITUNGSZEIT: 45 MIN.
PRO PORTION: CA. 425 KCAL

Für die Suppe:

300 g frische Rote Bete

600 ml Sojadrink / *alternativ: Kuhmilch 3,5 % Fett*

Meersalz | Pfeffer

Für die Gemüseküchlein:

1 Zucchino

1 Möhre

1 rote Paprikaschote

½ Bund Schnittlauch

3 Stiele Petersilie

2 große mehligkochende Kartoffeln

ca. 1 EL Maisstärke

Meersalz | Pfeffer

1 EL Olivenöl

1 Die Rote Bete schälen (am besten mit Einweghandschuhen), kurz waschen und in kleine Würfel schneiden.

2 200 ml Wasser in einem Topf aufkochen und darin die Rote-Bete-Würfel in ca. 30 Min. sehr weich kochen. Den Sojadrink zugeben, kurz aufkochen und alles mit dem Pürierstab zu einer glatten Suppe pürieren. Die Suppe mit Salz und Pfeffer abschmecken, warm halten.

3 Während die Rote Bete gart, die Kartoffeln schälen, vierteln und in reichlich Wasser in 15–20 Min. gar kochen. Den Zucchino waschen und putzen, die Möhre putzen und schälen und beides mithilfe einer Gemüsereibe grob raspeln. Die Paprikaschote waschen, vierteln, von Stiel und Samen befreien und in sehr feine Würfel schneiden. Schnittlauch und Petersilie waschen, trocken schütteln und fein hacken.

4 Das Kartoffelwasser abgießen und den Topf mit den Kartoffeln bei geringer Hitze auf den Herd stellen, bis das Wasser verdampft ist und die Kartoffeln sehr trocken sind. Nun die Kartoffeln mithilfe einer Gabel fein zerdrücken und etwas auskühlen lassen.

5 Die Kartoffeln dann mit den Zucchino- und Möhrenraspeln, den Kräutern und der Maisstärke mischen, leicht salzen und pfeffern. Ist die Kartoffel-Gemüse-Masse zu klebrig, etwas mehr Maisstärke hinzugeben. Nun aus dem Gemisch flache, runde Küchlein herstellen. Das Olivenöl in einer beschichteten Pfanne erhitzen und die Küchlein darin vorsichtig von beiden Seiten goldgelb braten. Anschließend die Küchlein auf Küchenpapier entfetten und zur heißen Suppe servieren.

ASIASUPPE

FÜR 2 PERSONEN
ZUBEREITUNGSZEIT:
20 MIN. + 1 STD. QUELLEN
PRO PORTION: CA. 260 KCAL

6 getrocknete Shiitakepilze
(Asialaden)

50 g Glasnudeln (Asialaden)

2 Frühlingszwiebeln

1 junger Pak Choi (Asialaden)

2 kleine Möhren

1 kleine rote Chilischote

1 Stück frischer Ingwer (1 cm)

Meersalz | Pfeffer

3 EL Sojasauce

1 EL Sesamöl

1 Die Shitakepilze 1 Std. in kaltem Wasser quellen lassen. Die Glasnudeln in reichlich heißes (aber nicht kochendes) Wasser einlegen.

2 Frühlingszwiebeln waschen, putzen und in feine Ringe schneiden. Die Blätter des Pak Choi vom Strunk lösen und waschen, die Blätter vierteln. Die Möhren schälen und in feine Würfel schneiden. Die Chilischote halbieren, den Stiel und die Samen entfernen, die Schote quer in feine Streifen schneiden. Den Ingwer schälen und in möglichst feine Streifen schneiden.

3 Die Shitakepilze aus dem Wasser nehmen, die Stiele, falls vorhanden, entfernen und dann die Pilzköpfe in schmale Streifen schneiden.

4 900 ml Wasser in einem Topf erhitzen und alle vorbereiteten Zutaten, bis auf die Glasnudeln hinzufügen. Die Suppe mit Meersalz, Pfeffer, Sojasauce und Sesamöl würzen und das Ganze ca. 5 Min. köcheln lassen. Dann die Suppe nochmals mit etwas Salz und Pfeffer abschmecken.

5 Die eingeweichten Glasnudeln abgießen, abtropfen lassen und auf zwei Suppenschalen verteilen. Die Suppe hinzugeben und das Gericht servieren.

DETOX-FAKT

Der Shiitake ist ein ganz besonders gesunder Pilz:
Er enthält hochwertiges Eiweiß, darunter alle
essenziellen Aminosäuren, außerdem reichlich
Ballaststoffe, Mineralstoffe und Vitamine.

KALTE GURKENSUPPE

MIT AVOCADO

FÜR 2 PERSONEN
ZUBEREITUNGSZEIT: 20 MIN.
PRO PORTION: CA. 360 KCAL

1 Salatgurke
1 Zweig frischer Dill
1 Limette
250 g Sojajoghurt / *alternativ:*
Naturjoghurt 3,5 % Fett
Meersalz | Pfeffer
1 reife Avocado

1 Zwei Suppenteller in den Kühlschrank stellen. Die Gurke schälen und in kleine Stücke schneiden. Den Dill waschen, die Blättchen abzupfen und fein hacken. Die Limette halbieren und auspressen.

2 Die Gurkenstücke mit dem Dill, dem Sojajoghurt, dem Limettensaft und 700 ml Wasser in einen hohen Topf geben und mit einem Pürierstab feincremig pürieren. Die Suppe mit Salz und Pfeffer abschmecken und auf die vorgekühlten Teller geben.

3 Die Avocado halbieren, den Kern entfernen und das Fruchtfleisch aus der Schale lösen. Die Avocadofilets in feine Würfel schneiden, die Avocadowürfel auf die Gurkensuppe geben und diese servieren.

DETOX-FAKT

Gurken sind perfekt für die Detox-Küche!
Sie bestehen zu 90 % aus Wasser und sättigen
daher ganz kalorienarm. Außerdem enthalten sie
viel Vitamin C und Kalium, das ist gut
für den Kreislauf.

SPINAT-RETTICH-SALAT

FÜR 2 PERSONEN
ZUBEREITUNGSZEIT: 15 MIN.
PRO PORTION: CA. 205 KCAL

100 g Blattspinat
1 Salatgurke
1 Weißer Rettich
1 Schalotte
75 ml Sojadrink
60 g Misopaste
1 EL Dijon-Senf
30 g Kürbiskerne
½ Kästchen Kresse

1 Den Spinat gründlich waschen, trocken schütteln, verlesen und putzen. Die Gurke und den Rettich gut waschen und jeweils am besten mit dem Gemüsehobel in feine Scheiben hobeln oder schneiden. Die Schalotte schälen und fein würfeln.

2 Für das Dressing den Sojadrink mit der Misopaste und dem Senf vermischen und die Schalottenwürfel unterheben. Das Dressing mit den übrigen vorbereiteten Zutaten in einer Schüssel gut vermischen.

3 Die Kürbiskerne in einer Pfanne ohne Öl rösten. Mit einer Schere die Kresse abschneiden. Mit den Kürbiskernen auf dem Salat verteilen und diesen servieren.

DETOX-FAKT

Misopaste ist eine fermentierte Würzpaste aus Soja-
bohnen, Getreide und Salz. Durch das Fermentieren
enthält sie viele Milchsäurebakterien und ist dank dieser
nicht nur leicht verdaulich, sondern ein echter Balsam für
die Darmflora. Es gibt sie im Asia- oder im Bioladen.

ROTE-BETE-SALAT
MIT ORANGEN UND WALNÜSSEN

FÜR 2 PERSONEN
ZUBEREITUNGSZEIT: 20 MIN.
PRO PORTION: CA. 450 KCAL

2 Orangen

300 g Rote Bete
(vorgegart, vakuumverpackt)

50 g Walnusskerne

2 EL Olivenöl

Meersalz | Pfeffer

100 g Tofu

1 Die Orangen bis knapp ins Fruchtfleisch schälen, dann die Orangenfilets zwischen den Trennhäutchen herausschneiden, dabei den Saft auffangen und beiseitestellen. Die Rote Bete in feine Würfel schneiden und mit den Orangenfilets mischen.

2 Die Walnusskerne mit einem großen breiten Messer in grobe Stücke hacken und mit dem aufgefangenen Orangensaft und 1 EL Olivenöl vermischen. Das Dressing mit etwas Salz und Pfeffer abschmecken und bis zur Verwendung durchziehen lassen.

3 Den Tofu in 1 cm große Würfel schneiden und in 1 EL Olivenöl in einer Pfanne von allen Seiten bei großer Hitze goldbraun anbraten. Dann die Tofuwürfel auf Küchenpapier entfetten. Den Salat mit dem Dressing und dem Tofu mischen und auf zwei Tellern anrichten.

DETOX-TIPP

1–2 EL frische Thymianblättchen auf dem Rote-Bete-Salat sind nicht nur hübsche Garnitur, sondern verleihen ihm auch eine mediterran-aromatische Note.

QUINOASALAT

MIT TOMATEN UND MINZE

FÜR 2 PERSONEN
ZUBEREITUNGSZEIT: 35 MIN.
PRO PORTION: CA. 270 KCAL

250 ml Gemüsebrühe / *am besten selbst gekocht – oder aus dem Bioladen ohne Glutamat*

100 g Quinoa (Bioladen)

1 Zitrone

2 Tomaten

2 Stiele Minze

1 Stiele glatte Petersilie

1 Schalotte

2 TL Olivenöl

Weißweinessig

Pfeffer aus der Mühle

Außerdem:

feines Sieb

1 Die Brühe aufkochen. Inzwischen den Quinoa in einem feinen Sieb mit warmem Wasser gründlich waschen, um die Bitterstoffe zu entfernen, und abtropfen lassen. Die Zitrone halbieren und auspressen.

2 Sobald die Brühe kocht, Zitronensaft und Quinoa hinzugeben und bei geringer Hitze 20 Min. köcheln lassen, dann von der Kochstelle nehmen und den Quinoa weitere 5 Min. quellen lassen (bitte für die Zeiten auch die Packungsanweisung beachten).

3 Inzwischen die Tomaten waschen, halbieren, vom Stielansatz befreien und würfeln. Minze und Petersilie waschen und trocken schütteln. Die Blätter abzupfen und fein hacken. Die Schalotte schälen und fein würfeln.

4 Quinoa mit diesen vorbereiten Zutaten vermischen. Das Öl und einen Spritzer Weißweinessig hinzugeben, den Salat nach Geschmack mit frisch gemahlenem Pfeffer abschmecken und servieren.

DETOX-FAKT

Quinoa enthält reichlich B-Vitamine, die besonders für die Nerven und den Kohlenhydratstoffwechsel wichtig sind. Die glutenfreie Stärke lässt sich leicht verdauen und liefert rasch wertvolle Energie.

MÖHREN-ORANGEN-SALAT

MIT SENF-DRESSING

FÜR 2 PERSONEN
ZUBEREITUNGSZEIT: 20 MIN.
PRO PORTION: CA. 355 KCAL

200 g Möhren

200 g Petersilienwurzel

4 Orangen

1 Bund Kerbel

2 Zweige Estragon

1 EL Dijon-Senf

1 EL Agavendicksaft (Bioladen)

1 EL Olivenöl

Meersalz | Pfeffer

Außerdem:

6 Eiswürfel für ein Eiswasserbad

1 Die Möhren und die Petersilienwurzeln mit dem Sparschäler schälen und die Schalen wegwerfen. Anschließend beides mit dem Sparschäler weiter in hauchdünne, lange Streifen schneiden.

2 Reichlich Wasser in einem Topf zum Kochen bringen. Eine Schüssel mit kaltem Wasser und den Eiswürfeln darin bereitstellen. Die Gemüsestreifen ca. 10 Sek. im sprudelnd kochenden Wasser blanchieren, dann sofort in eiskaltem Wasser abschrecken, herausnehmen und in einem Sieb abtropfen lassen.

3 Die Orangen bis knapp ins Fruchtfleisch schälen. Die Filets zwischen den Trennhäuten herausschneiden, den Rest auspressen und den Saft beiseitestellen.

4 Kerbel und Estragon waschen, trocken schütteln und die Blätter abzupfen. Diese fein hacken und unter die blanchierten Gemüsestreifen heben.

5 Aus dem Orangensaft, Dijon-Senf, Agavendicksaft, Olivenöl, Salz und Pfeffer ein Dressing anrühren.

6 Die Gemüsestreifen wie eine Pasta anrichten und die Orangenfilets drüberdrapieren. Alles mit dem Dressing begießen und den Salat servieren.

DETOX-FAKT

Dieser Salat ist eine echte Power-Kombination:
Nicht nur die Möhren, auch die Orangen
enthalten jede Menge Beta-Carotin. Dieser Pflanzenstoff
wirkt antioxidativ und kann damit dazu beitragen,
die Zellalterung zu verzögern.

MITTAGESSEN 75

LINSEN-TOMATEN-SALAT

MIT SENF-DRESSING

FÜR 2 PERSONEN
ZUBEREITUNGSZEIT: 30 MIN.
PRO PORTION: CA. 385 KCAL

150 g gelbe Linsen / *der Salat*
schmeckt auch mit roten Linsen

8 Kirschtomaten

1 kleine rote Zwiebel

1 Bund glatte Petersilie

1 EL grober Senf

1 EL Dijon-Senf / *alternativ:*
1 weiterer EL grober Senf

Saft von ½ Limette

2 EL Weißweinessig

3 EL Olivenöl

Meersalz

1 Die Linsen nach Packungsanweisung garen, abgießen und kurz auskühlen lassen.

2 Die Tomaten waschen, vierteln und vom Stielansatz befreien. Zwiebel schälen und in kleine Würfel schneiden. Die Petersilie waschen und trocken schütteln, die Blätter von den Stielen zupfen und hacken. Tomaten, Zwiebel und Petersilie mit den Linsen mischen.

3 In einer Schale Senf, Limettensaft, Weißweinessig, Olivenöl und 1 Prise Meersalz mischen. Dieses Dressing unter den Linsen-Tomaten-Salat heben.

DETOX-FAKT

Linsen machen angenehm satt, denn sie enthalten viel pflanzliches Eiweiß und eine ordentliche Portion Ballaststoffe. Die Ballaststoffe leisten einen wichtigen Beitrag zu einer guten Verdauung und können darüber hinaus helfen, den Cholesterinspiegel zu senken.

ASIASALAT

MIT LIMETTEN-DRESSING

FÜR 2 PERSONEN
ZUBEREITUNGSZEIT: 20 MIN.
PRO PORTION: CA. 425 KCAL

Für den Salat:

2 Köpfe Pak Choi (Asialaden)

4 große Chinakohlblätter

1 große Möhre

¼ Salatgurke

1 kleine rote Chilischote

4 Stiele Thai-Basilikum
(Asialaden)

10 Minzblätter

4 Stiele Koriandergrün
(z. B. Asialaden)

100 g geröstete, gesalzene
Erdnüsse

Für das Dressing:

1 Limette

¼ Knoblauchzehe

1 Stück frischer Ingwer (1 cm)

½ Schalotte

1 EL Weißweinessig

1 EL Sojasauce

1 TL Sesamöl

1 EL Agavendicksaft (Bioladen)

1 Pak-Choi-Köpfe im Ganzen gründlich waschen und abtropfen lassen, das untere helle Ende entfernen. Die Blätter quer in Streifen schneiden. Die Chinakohlblätter ebenfalls waschen und quer in feine Streifen schneiden.

2 Die Möhre schälen und in feine Stifte schneiden. Die Gurke schälen und in feine Würfel schneiden. Die Chili waschen und halbieren. Den Stiel und die Samen entfernen und die Schote in feine Streifen schneiden.

3 Kräuter waschen und trocken schütteln bzw. trocken tupfen. Die Basilikumblätter vom Stiel zupfen und zusammen mit den Minzblättern und dem Koriandergrün im Ganzen fein hacken. Das vorbereitete Gemüse mit den Kräutern in einer Schüssel mischen.

4 Für das Dressing die Limette halbieren und auspressen. Den Knoblauch, den Ingwer und die Schalotte schälen und fein würfeln. Alles mit dem Limettensaft, dem Weißweinessig, der Sojasauce, dem Sesamöl und dem Agavendicksaft zu einem Dressing verrühren.

5 Die Erdnüsse grob hacken. Den Salat auf Tellern anrichten, das Dressing darübergeben und mit den gehackten Erdnüssen dekorieren.

DETOX-TIPP

Das Limettendressing hält sich im Kühlschrank gut
verschlossen aufbewahrt eine Woche.

SESAM-SALAT

MIT AUSTERN-PILZEN

FÜR 2 PERSONEN
ZUBEREITUNGSZEIT: 20 MIN.
PRO PORTION: CA. 320 KCAL

1 rote Paprikaschote

2 Frühlingszwiebeln

100 g Austernpilze

3 EL Olivenöl

Meersalz | Pfeffer

200 g Zuckerschoten

1 rote Chilischote

3 Stiele Koriandergrün
(z. B. Asialaden)

3 EL helle Sesamsamen

1 Stück frischer Ingwer (ca. 1 cm)

½ Limette

1 TL Sesamöl

1 EL Sojasauce

1 Die Paprika waschen, halbieren, von Stiel und Samen befreien und in feine Streifen schneiden. Die Frühlingszwiebeln waschen, putzen, quer in grobe Stücke und diese ebenfalls in feine Streifen schneiden.

2 Die Austernpilze mit Küchenpapier abreiben. In einer Pfanne 1 EL Olivenöl erhitzen, die Pilze darin bei mittlerer Hitze ca. 5 Min. braten, dann salzen und pfeffern. Die Pilze aus der Pfanne nehmen und beiseitestellen.

3 In einen Topf Wasser zum Kochen bringen. Zuckerschoten waschen, putzen und im kochenden Wasser ca. 2 Min. blanchieren. Anschließend die Schoten sofort unter fließendem kaltem Wasser abschrecken, abtropfen lassen und längs halbieren.

4 Die Zuckerschoten, die Paprika, Frühlingszwiebeln und Austernpilze in einer Schale vermischen.

5 Chilischote waschen, halbieren, Stiel und Samen entfernen und die Schote in feine Streifen schneiden. Den Koriander waschen und trocken schütteln, die Blätter abzupfen und grob hacken. Die Sesamsamen in einer Pfanne ohne Öl leicht goldbraun rösten.

6 Den Ingwer schälen und auf einer Küchenreibe fein reiben. Die Limette auspressen. Ingwer, Limettensaft, Koriander, Chili, Sesamöl, Sojasauce und 2 EL Olivenöl vermischen und über den Salat geben. Diesen auf zwei Teller verteilen, mit dem Sesam bestreuen und servieren.

ABENDESSEN

GEMÜSETURM

FÜR 2 PERSONEN
ZUBEREITUNGSZEIT: 35 MIN.
PRO PORTION: CA. 300 KCAL

4 mehligkochende Kartoffeln

1 Zucchino

1 Aubergine

ca. 3 EL Olivenöl

1 Schalotte

12 Kirschtomaten

1 EL helle Sesamsamen

Meersalz | Pfeffer

1 In einem Topf Wasser zum Kochen bringen. Die Kartoffeln schälen, vierteln, in den Topf geben und in ca. 20 Min. gar kochen. Dann das Wasser abgießen und die Kartoffeln ausdampfen lassen.

2 Während die Kartoffeln kochen den Zucchino und die Aubergine waschen, putzen und in möglichst dünne Scheiben schneiden. Etwa 1 EL Olivenöl in einer Pfanne erhitzen und die Gemüsescheiben darin portionsweise bei niedriger Hitze beidseitig durchbraten, ggf. weiteres Olivenöl zugeben. Die Auberginenscheiben sollen Farbe annehmen. Dann die Scheiben aus der Pfanne nehmen und auf Küchenpapier entfetten.

3 Die Schalotte schälen und fein würfeln, dann mit 1 EL Olivenöl in der Pfanne glasig dünsten. Kirsch-tomaten waschen, halbieren und zu den gedünsteten Schalotten geben. Etwas Wasser hinzufügen und die Tomaten weich schmoren lassen, dann zur Seite stellen.

4 Den Sesam in einer Pfanne ohne Öl goldbraun rösten.

5 Die Kartoffeln mit einem Kartoffelstampfer zerstampf-fen. Den Sesam hinzugeben und den Kartoffelstampf mit etwas Salz und Pfeffer würzen.

6 Den Kartoffelstampf sowie die Auberginen- und Zucchinoscheiben im Wechsel übereinanderschichten. Mit dem Tomatenkompott anrichten und servieren.

DETOX-FAKT

Kartoffeln sind ein Klassiker der Säure-Basen-Küche:
Sie gelten als besonders stark basenbildend. Dank eines
hohen Kaliumgehalts wirken sie außerdem entwässernd
und regen die Nierentätigkeit kräftig an.

POLENTAQUICHE

MIT SHIITAKE-PILZEN

FÜR 2 PERSONEN
ZUBEREITUNGSZEIT:
45 MIN. + 1 STD. QUELLEN
PRO PORTION: CA. 365 KCAL

80 g getrocknete Shiitakepilze
(Asialaden)

400 ml Gemüsebrühe / *am besten*
selbst gekocht – oder aus dem Bio-
laden ohne Glutamat

100 g Instant-Polenta

1 Frühlingszwiebel

1 Knoblauchzehe

5 Stiele Petersilie

2 EL Olivenöl

Muskatnuss

Pfeffer

1 Die Shitakepilze 1 Std. in kaltem Wasser quellen lassen. Die Pilze dann abgießen, abtropfen lassen und, falls vorhanden, die Stiele entfernen. Die Pilzköpfe in schmale Streifen schneiden.

2 In einem hohen, breiten Topf die Brühe zum Kochen bringen. Dann die Herdplatte auf kleine Hitze stellen und unter ständigem Rühren die Polenta nach und nach zugeben. Den Topf mit einem Deckel verschließen und die Polenta bei geringster Hitze 10 Min. köcheln lassen.

3 Inzwischen die Frühlingszwiebel waschen, putzen und in feine Ringe schneiden. Den Knoblauch schälen und fein hacken. Die Petersilie waschen, trocken schütteln, die Blätter abzupfen und ebenfalls fein hacken.

4 In einer Pfanne 1 EL Olivenöl erhitzen und darin die Shiitakepilze und die Frühlingszwiebel ca. 5 Min. leicht anschwitzen. Dann den Knoblauch und die Petersilie dazugeben und weitere 2 Min. braten.

5 Die Polenta vom Herd nehmen. Die Pilzmischung mit 1 Prise Muskatnuss sowie etwas Pfeffer würzen und unter die Polenta rühren.

6 Ein Backblech mit Backpapier auslegen und die Polenta darauf ca. 3 cm dick ausstreichen. Beiseitestellen, bis die Polenta fest geworden ist – das dauert 10–15 Min.

7 Dann die Polenta in Rauten schneiden. 1 EL Olivenöl in einer Pfanne erhitzen, die Polentastücke darin goldbraun darin braten und servieren.

DETOX-FAKT

Polenta, Maisgrieß, ist ein guter Lieferant von
Kieselsäure. Das darin enthaltene Silizium
kann dazu beitragen, die Haut straffer sowie
Haare und Nägel kräftiger zu machen.

GEKOCHTE ARTISCHOCKE

MIT KORIANDER-SENF-DIP

FÜR 2 PERSONEN
ZUBEREITUNGSZEIT: 45 MIN.
PRO PORTION: CA. 245 KCAL

2 große Artischocken

Meersalz

½ Zitrone

3 Bund Koriandergrün
(z. B. Asialaden)

2 EL Weißweinessig

1 EL Senf

4 EL Olivenöl

1 EL Agavendicksaft (Bioladen)

1 Die Artischockenblätter um etwa ein Drittel mit einer Schere kürzen, die Stiele abschneiden (Achtung: Stiele dann nicht wegwerfen, sondern mitkochen).

2 Salzwasser in einem Topf zum Kochen bringen. Die Zitrone auspressen und den Saft zum Kochwasser geben. Die Artischocken mit dem Boden nach unten in den Topf legen und 30–40 Min. garen (je nach Größe). Wenn die Artischocken gar sind, lassen sich die äußeren Blätter leicht herausziehen.

3 Die Artischocken aus dem Wasser nehmen und, die Blätter nach unten, auf Küchenpapier abtropfen lassen.

4 Das Koriandergrün waschen, trocken schütteln, die Blätter abzupfen und fein hacken. Den Weißweinessig mit dem Senf, dem Olivenöl und dem Agavendicksaft verquirlen und den Koriander dazugeben.

5 Die Vinaigrette auf zwei Schalen verteilen und die Artischocke dazu servieren.

6 Zum Verzehr die Blätter der Artischocke einzeln abzupfen, den unteren Teil in den Dip tunken und das fleischige Ende des Artischockenblatts mit den Zähnen herausziehen. Sind die großen Artischockenblätter verzehrt, können die kleineren Blätter und das Heu entfernt und der Artischockenboden gegessen werden.

DETOX-FAKT

Die Bitterstoffe der Artischocke wirken anregend auf Leber und Galle. Sie fördern die Abgabe von Gallensäuren in den Darm, was die Verdauung von Fetten verbessert.

TOFU-GEMÜSE-SPIESSE

MIT MÖHREN-INGWER DIP

FÜR 2 PERSONEN
ZUBEREITUNGSZEIT: 25 MIN.
PRO PORTION: CA. 540 KCAL

Für den Dip:

2 große Möhren

1 kleine weiße Zwiebel

1 Stück frischer Ingwer (ca. 1 cm)

2 EL Olivenöl

Meersalz | Pfeffer

Für die Spieße:

300 g Tofu

10 Kirschtomaten

1 kleines Bund Basilikum

1 Zucchino

1 kleine Aubergine

250 g Champignons

Meersalz | Pfeffer

2–3 EL Olivenöl

Außerdem:

6 lange Holzspieße

1 Einige Zentimeter hoch Wasser in einem Topf zum Kochen bringen. Die Möhren schälen, in grobe Stücke schneiden und in ca. 10 Min. im Wasser weich kochen. Inzwischen Zwiebel und Ingwer schälen und fein würfeln. Sind die Möhren weich, das Wasser aus dem Topf abgießen und die Möhren im heißen Topf kurz wenden, um überschüssiges Wasser abzudampfen.

2 In einer Pfanne 1 EL Olivenöl erhitzen und Zwiebel, Möhren und Ingwer leicht anschwitzen. Dann alles in ein hohes Gefäß geben, 1 EL Olivenöl hinzufügen und das Ganze mit einem Pürierstab glatt pürieren. Den Dip mit Salz und Pfeffer abschmecken.

3 Für die Spieße den Tofu in ca. 1,5 cm dicke Würfel schneiden. Die Kirschtomaten waschen. Das Basilikum waschen, trocken schütteln und die Blätter abzupfen. Den Zucchino und die Aubergine waschen, putzen und ebenfalls in 1,5 cm große Stücke schneiden. Zuletzt die Champignons putzen.

4 Die unterschiedlichen Gemüsesorten und den Tofu abwechselnd auf die Holzspieße stecken, jeweils dazwischen Basilikumblätter. Die Spieße etwas pfeffern und salzen. 2–3 EL Olivenöl in einer Pfanne erhitzen und die Spieße darin braten, bis sie Farbe bekommen.

5 Anschließend die Tofu-Gemüse-Spieße zusammen mit dem Möhren-Ingwer-Dip servieren.

DETOX-FAKT

Tofu wird aus Sojabohnen hergestellt. Er ist bekömmlich, kalorienarm und strotzt vor hochwertigem pflanzlichem Eiweiß. Gerade dieses Eiweiß macht während der Detox-Kur abends angenehm satt.

GRILLTOFU

MIT ROTER BETE UND MÖHREN

FÜR 2 PERSONEN
ZUBEREITUNGSZEIT: 30 MIN.
PRO PORTION: CA. 380 KCAL

2 Möhren

500 g Rote Bete
(vorgegart, vakuumverpackt)

1 Limette

400 g Tofu

1 EL Rapsöl

Meersalz | Pfeffer

5 Stiele Koriandergrün
(z. B. Asialaden)

1 EL schwarze Sesamsamen
(Asialaden)

1 Wasser in einem Topf zum Kochen bringen. Die Möhren schälen, in ca. 1 cm große Würfel schneiden und in ca. 5 Min. gar kochen.

2 Inzwischen die Rote Bete würfeln. Die Limette halbieren und den Saft auspressen. Die Möhrenwürfel abgießen. Die Rote Bete zu den Möhrenwürfeln geben und alles mit dem Limettensaft beträufeln.

3 Den Tofu in 1,5 cm große Würfel schneiden. In einer Pfanne das Rapsöl erhitzen und den Tofu darin bei starker Hitze goldbraun anbraten. Dann den Tofu mit Salz und Pfeffer würzen und herausnehmen.

4 Das Koriandergrün waschen, trocken schütteln und die Blätter abzupfen. Das Gemüse mit den Tofuwürfeln auf Tellern anrichten, mit Korianderblättern und Sesam garnieren und servieren.

DETOX-FAKT

Limetten sind die erfrischendsten aller Zitrusfrüchte:
Ihre Schale enthält ätherische Öle, die unser Gemüt
verwöhnen. Sie machen fröhlich, leicht und frei.

GESCHMORTES SAFRANGEMÜSE

MIT RÖST-KARTOF-FELN

FÜR 2 PERSONEN
ZUBEREITUNGSZEIT: 35 MIN.
PRO PORTION: CA. 285 KCAL

10 kleine festkochende Kartoffeln
1 Fenchelknolle
1 rote Paprikaschote
1 gelbe Paprikaschote
1 Bund Estragon
2 EL Olivenöl
1 Msp. Safranfäden
1 Lorbeerblatt
Meersalz | Pfeffer
1 Chicorée

1 Wasser in einem Topf zum Kochen bringen. Darin die Kartoffeln in der Schale in ca. 20 Min. gar kochen, dann abgießen und auskühlen lassen.

2 Während die Kartoffeln kochen, die Fenchelknolle waschen, putzen und halbieren. Den harten Strunk entfernen und dann den Fenchel inklusive dem Grün fein schneiden. Die Paprika waschen, halbieren, von Stiel und Samen befreien und ebenfalls in feine Streifen schneiden. Den Estragon waschen, trocken schütteln, die Blätter abzupfen und grob hacken.

3 In einer Pfanne 1 EL Olivenöl erhitzen und Fenchel und Paprika darin leicht anschwitzen. Ca. 100 ml Wasser und den Safran, sowie das Lorbeerblatt und den Estragon dazugeben und alles ca. 10 Min. schmoren lassen.

4 Inzwischen die Kartoffeln pellen und vierteln, dann in einer zweiten Pfanne in 1 EL Olivenöl knusprig anbraten, dabei leicht salzen und pfeffern.

5 Den Chicorée waschen und in einzelne Blätter zerlegen (den Strunk wegwerfen). Die Chicoréeblätter zum Fenchelgemüse geben. Das Gemüse mit den Röstkartoffeln servieren.

PASTINAKEN-PÜREE

MIT KRÄUTER-SALAT

FÜR 2 PERSONEN
ZUBEREITUNGSZEIT: 30 MIN.
PRO PORTION: CA. 220 KCAL

600 g Pastinaken

1 Bund glatte Petersilie

100 ml Sojadrink / *alternativ:*
Kuhmilch 3,5 % Fett

Meersalz | Pfeffer

10 Minzblätter

10 Blätter Thai-Basilikum
(Asialaden)

1 Bund Kerbel

1 Limette

1 EL Sesamöl

1 Einige Zentimeter hoch Wasser in einem Topf zum Kochen bringen. Die Pastinaken mit einem Sparschäler schälen, putzen und in grobe Stücke schneiden. Die Pastinakenstücke im kochenden Wasser in ca. 15 Min. weich kochen, dann das Wasser abgießen.

2 Die Petersilie waschen, trocken schütteln, grob hacken und zusammen mit dem Sojadrink und den Pastinakenstücken in eine Schüssel geben. Mit einem Pürierstab daraus eine glatte Masse herstellen. Diese leicht salzen und pfeffern und beiseitestellen.

3 Minz- und Basilikumblätter waschen und trocken tupfen. Den Kerbel waschen, trocken schütteln und die Blättchen abzupfen. Die Limette halbieren und auspressen. Die Kräuter mit dem Limettensaft und dem Sesamöl mischen. Den Kräutersalat mit etwas Salz und Pfeffer abschmecken und mit dem Pastinakenpüree anrichten.

DETOX-FAKT

Pastinaken enthalten viel Kalzium, Kalium,
Magnesium und Phosphor und unterstützen damit den
Aufbau der Muskulatur und der Knochen.

TOFU-PFANNE

MIT BROKKOLI UND SESAM

FÜR 2 PERSONEN
ZUBEREITUNGSZEIT: 30 MIN.
PRO PORTION: CA. 455 KCAL

400 g Tofu

1 Bund Thai-Basilikum
(Asialaden)

½ Bund Koriandergrün
(z. B. Asialaden)

1 rote Paprikaschote

1 Handvoll Mungobohnen-
sprossen (Asialaden)

100 g braune Champignons

1 Brokkoli

2–3 EL Sesamöl

Meersalz | Pfeffer

1 TL helle Sesamsamen

Außerdem:

Topf mit Dämpfeinsatz

1 Den Tofu in 1 cm große Würfel schneiden und bei-seitestellen. Thai-Basilikum und Koriander waschen und trocken schütteln. Die Blätter von den Stielen zupfen und grob hacken.

2 Die Paprika waschen, von Stiel und Samen befreien und in feine Streifen schneiden. Die Mungobohnen-sprossen waschen und in einem Sieb abtropfen lassen. Champignons putzen und in feine Scheiben schneiden.

3 Brokkoli putzen und die Röschen abschneiden (der Strunk wird hier nicht verwendet). Die Brokkoliröschen in einen Dämpfeinsatz geben und im geschlossenen Topf über kochendem Wasser ca. 10 Min. dämpfen.

4 Inzwischen 1 EL Sesamöl in einer beschichteten Pfanne erhitzen und den Tofu darin anbraten, bis er goldbraun ist. Die Tofuwürfel herausnehmen.

5 Dann wieder 1–2 EL Sesamöl in der Pfanne erhitzen und die Paprikastreifen mit den Pilzen anbraten.

6 Die Pilze, Paprika und Tofu mit den Mungobohnen-sprossen, dem Koriander und dem Thai-Basilikum in eine Schüssel geben. Alles vorsichtig vermischen und mit etwas Salz und Pfeffer abschmecken. Den Brokkoli auf Teller geben und mit Sesam bestreuen. Das Tofu-gemüse daneben geben und alles servieren.

DETOX-FAKT

Brokkoli enthält eine gute Portion Senföle, was er bereits durch seinen charakteristischen Geruch verrät. Mithilfe dieses Inhaltsstoffes trägt das grüne Gemüse unter ande-rem dazu bei, das Bakterium Helicobacter pylori abzu-töten, das Magengeschwüre und Krebs auslösen kann.

LINSENGEMÜSE

FÜR 2 PERSONEN
ZUBEREITUNGSZEIT: 25 MIN.
PRO PORTION: CA. 420 KCAL

200 g Linsen / *nach Belieben*
braune, schwarze oder grüne

6 Strauchtomaten

ca. 2 EL Olivenöl

1 Zweig Thymian

2 Stangen Staudensellerie

1 kleine Zwiebel

Meersalz | Pfeffer

1 Bund glatte Petersilie

1 Die Linsen in reichlich Wasser gar kochen (siehe Packungsanweisung). Sie anschließend abgießen, abtropfen lassen und beiseitestellen.

2 Während die Linsen kochen, die Tomaten waschen, abtrocknen und im Ganzen in einer Pfanne mit etwas Öl anbraten. Thymian waschen, trocken schütteln, die Blättchen abzupfen, hacken und zu den Tomaten geben. 50 ml Wasser zugeben und alles zugedeckt ca. 15 Min. schmoren lassen, bis die Tomaten fast zerfallen.

3 Inzwischen den Staudensellerie waschen, putzen und in feine Scheiben schneiden. Die Zwiebel schälen und fein würfeln und mit etwas Olivenöl anschwitzen, die Linsen und den Staudensellerie hinzufügen. Das Gemüse mit etwas Salz und Pfeffer abschmecken.

4 Die Petersilie waschen, trocken schütteln, die Blätter abzupfen, grob hacken und unter die Tomaten mischen. Mit dem Linsengemüse anrichten und servieren.

DETOX-TIPP

Nicht alles aufgegessen? Dieses aromatische Linsengemüse schmeckt auch kalt wunderbar, beispielsweise als Mittagessen im Büro.

RATATOUILLEGEMÜSE

MIT RUCOLA

FÜR 2 PERSONEN
ZUBEREITUNGSZEIT: 20 MIN.
PRO PORTION: CA. 195 KCAL

1 Zucchino
1 Aubergine
1 rote Paprikaschote
1 gelbe Paprikaschote
3 große Tomaten
1 Handvoll Rucolablätter
1 Zwiebel
1 Knoblauchzehe
2 EL Olivenöl
1 Zweig Thymian
1 Zweig Rosmarin
1 Lorbeerblatt
Meersalz | Pfeffer

1 Den Zucchino waschen und schälen, die Aubergine waschen, putzen und beides grob würfeln. Die Paprikaschoten waschen, vierteln, von Stiel und Samen befreien und ebenfalls grob würfeln.

2 Die Tomaten waschen, vierteln und vom Stielansatz befreien. Rucola waschen und trocken schütteln.

3 Die Zwiebel und den Knoblauch schälen, fein würfeln und in einem Topf mit dem Olivenöl leicht anschwitzen.

4 Thymian und Rosmarin waschen und trocken schütteln, die Blättchen bzw. Nadeln abzupfen und hacken. Die Kräuter zusammen mit dem Lorbeerblatt ebenfalls mit in den Topf geben und anschwitzen.

5 Anschließend das komplette Gemüse, bis auf den Rucola dazugeben. Mit ca. 100 ml Wasser angießen und das Gemüse schmoren lassen, bis die Auberginen gar sind, das dauert ca. 15 Min.. Den Rucola zugeben, das Gemüse salzen, pfeffern und servieren.

DETOX-FAKT

Zucchini regen die Darmtätigkeit an und kräftigen das Immunsystem. Ihre Bitterstoffe bringen Leber und Galle in Schwung. Zucchini »putzen« auch Blase und Nieren und verbessern den Stoffwechsel der Haut.

OFENGEMÜSE

FÜR 2 PERSONEN
ZUBEREITUNGSZEIT:
25 MIN. + 35 MIN. GARZEIT
PRO PORTION: CA. 375 KCAL

500 g Süßkartoffeln

1 große Fenchelknolle mit Grün

1 Knoblauchzehe

Meersalz | Pfeffer

2 EL Olivenöl

1 Frühlingszwiebel

100 g Sojajoghurt / *alternativ:*
Naturjoghurt 3,5 % Fett

1 EL Senf

1 TL Agavendicksaft (Bioladen)

1 Den Ofen auf 180° vorheizen. Die Süßkartoffeln schälen und in ca. 2 x 2 cm große Stücke schneiden. Fenchel waschen, putzen, halbieren und den Strunk herausschneiden. Den Fenchel in ca. 1 cm große Stücke schneiden, das Fenchelgrün klein schneiden. Den Knoblauch schälen und in feine Streifen schneiden.

2 Süßkartoffeln, Knoblauch, Fenchel und Fenchelgrün in eine Auflaufform geben, mit etwas Salz und Pfeffer würzen. Das Olivenöl hinzugeben und anschließend alles kräftig mischen. Ca. 100 ml Wasser zugeben und die Auflaufform mit Alufolie bedecken. Das Gemüse im heißen Backofen (Mitte) ca. 35 Min. garen.

3 Die Frühlingszwiebel waschen, putzen und sehr fein hacken. Mit dem Sojajoghurt, dem Senf und dem Agavendicksaft gut vermischen. Diesen Senfdip zum fertig gegarten Ofengemüse servieren.

DETOX-FAKT

Süßkartoffeln sind eine der reichhaltigsten Quellen
von natürlichem Provitamin A (Beta-Karotin).
Das daraus gebildete Vitamin A entfaltet
zusammen mit dem ebenfalls in den
südamerikanischen Knollen enthaltenen
Vitamin C eine stark antioxidative Wirkung.

KOKOS-ERDNUSS-CURRY

MIT SPARGEL UND KOHLRABI

FÜR 2 PERSONEN
ZUBEREITUNGSZEIT: 25 MIN.
PRO PORTION: CA. 405 KCAL

1 Kohlrabi

250 g grüner Spargel

2 große Möhren

1 EL Rapsöl

1 EL rote Currypaste (Asialaden)

400 ml Kokosmilch

30 g Erdnüsse (ungesalzen)

½ Bund Thai-Basilikum
(Asialaden)

½ Bund Koriandergrün
(z. B. Asialaden)

2 EL Agavendicksaft (Bioladen)

1 TL Sojasauce

3 EL Erdnussmus (Bioladen)

1 Den Kohlrabi schälen und in 1,5 cm große Stücke schneiden. Den Spargel waschen und die unteren, evtl. holzigen Enden entfernen. Die Stangen in ca. 2 cm lange Stücke schneiden. Die Möhren putzen, schälen und in 1 cm große Stücke würfeln.

2 1 EL Rapsöl in einem Wok (oder weiten Topf) erhitzen und die Currypaste darin anrösten, bis sie duftet.

3 Dann die Kokosmilch hinzufügen und erhitzen, die Erdnüsse, Möhren und den Kohlrabi hinzufügen und bei mittlerer Hitze 5 Min. köcheln lassen. Dann den Spargel hinzufügen und weitere 12 Min. köcheln lassen.

4 Inzwischen Thai-Basilikum und Koriander waschen, trocken schütteln und die Blätter abzupfen. Es werden jeweils ca. 20 Blätter benötigt.

5 Agavendicksaft, Sojasauce und das Erdnussmus unter das Curry rühren. Dann das Gericht auf zwei tiefe Teller verteilen, mit den Kräutern bestreuen und servieren.

DETOX-FAKT

Die in grünem (wie auch weißem) Spargel enthaltene Aminosäure Asparagin wirkt entgiftend, indem es die Nierenfunktion anregt. Sie hat zudem eine positive Wirkung auf die Gehirnfunktion sowie die Stimmung.

WARMER QUINOA
MIT OFEN-KÜRBIS

FÜR 2 PERSONEN
ZUBEREITUNGSZEIT: 40 MIN.
PRO PORTION: CA. 375 KCAL

100 g Quinoa (Bioladen)

1 Zitrone

250 ml Gemüsebrühe / *am besten
selbst gekocht – oder aus dem Bioladen ohne Glutamat*

½ Hokkaidokürbis

3 EL Olivenöl

Meersalz

2 Schalotten

1 Bund Petersilie

Pfeffer aus der Mühle

Außerdem:

feines Sieb

1 Quinoa in einem feinen Sieb mit warmem Wasser gründlich waschen, um die Bitterstoffe zu entfernen.

2 Die Zitrone halbieren und auspressen. Die Brühe aufkochen, Zitronensaft und Quinoa hinzugeben und alles bei geringer Hitze 20 Min. köcheln lassen, dann von der Kochstelle nehmen und weitere 5 Min. quellen lassen.

3 Während der Quinoa köchelt, den Backofen auf 200° vorheizen. Die Schale des Hokkaidokürbisses gründlich waschen, da diese mitgegessen werden kann. Anschließend mit einem Esslöffel die Kerne und das faserige Innere entfernen, ggf. den Stiel entfernen. Den Kürbis in ca. 2 cm große Stücke schneiden.

4 Die Kürbisstücke mit dem Olivenöl und etwas Salz in eine Auflaufform geben und in ca. 15 Min. im heißen Ofen (Mitte) weich garen.

5 Inzwischen die Schalotten schälen und fein würfeln. Die Petersilie waschen, trocken schütteln, die Blätter abzupfen und grob hacken.

6 Den Kürbis, die Schalotten und die Petersilie unter den Quinoa mischen. Das Gericht mit etwas Salz und frisch gemahlenem Pfeffer abschmecken und servieren.

DETOX-FAKT

Petersilie ist reich an Chlorophyll. Damit trägt das Würzkraut dazu bei, dass unser Blut gereinigt wird, neues Blut gebildet werden kann sowie Leber und Nieren bei der Entgiftung unterstützt werden.

KARTOFFEL-AVOCADO-BURGER

MIT RUCOLA UND ANANASDIP

FÜR 2 PERSONEN
ZUBEREITUNGSZEIT: 40 MIN.
PRO PORTION: CA. 450 KCAL

4 große mehligkochende
Kartoffeln

1 reife Avocado

100 g Rucola

1–2 EL Rapsöl

Meersalz | Pfeffer

¼ Ananas

5 Minzblätter

1 Wasser in einem Topf zum Kochen bringen. Kartoffeln schälen und im kochenden Wasser in 15–20 Min. garen. (Garprobe: Mit einem spitzen Messer in eine Kartoffel piksen und sie anheben. Wenn die Kartoffel gar ist, fällt sie von allein wieder herunter.) Die fertig gekochten Kartoffeln abgießen und auskühlen lassen.

2 Während die Kartoffeln kochen, die Avocado halbieren und den Kern entfernen. Das Avocadofruchtfleisch vorsichtig mit einem Esslöffel aus der Schale lösen und in ca. 1 cm dicke Scheiben schneiden.

3 Den Rucola waschen, trocken schütteln. 1 EL Rapsöl in einer Pfanne erhitzen, den Rucola darin kurz anbraten und mit etwas Salz und Pfeffer abschmecken.

4 Für den Dip die Ananas schälen, vom festen Strunk befreien und in kleine Stücke schneiden. Die Minzblätter waschen, trocken tupfen und mit der Ananas mit einem Pürierstab zu einer sämigen Sauce pürieren.

5 Die ausgekühlten Kartoffeln mit einem Kartoffelstampfer oder mit einer Gabel zerdrücken, komplett auskühlen lassen, dann ein wenig kaltes Wasser dazugeben (macht die Masse formbarer) und die Masse zu ca. 7 cm breiten, flachen Puffern formen. Etwas Öl in einer beschichteten Pfanne erhitzen und die Puffer darin beidseitig braten, bis sie eine goldbraune Farbe haben. Die Puffer auf Küchenpapier entfetten.

6 Die Puffer im Wechsel mit der Avocado und dem Rucola auf Teller schichten und die Kartoffel-Avocado-Burger mit dem Ananasdip servieren.

SPARGEL-TOMATEN-PFANNE

MIT HIMBEER-VINAI-GRETTE

FÜR 2 PERSONEN
ZUBEREITUNGSZEIT: 25 MIN.
PRO PORTION: CA. 250 KCAL

800 g weißer Spargel

5 Kirschtomaten

2 Bund Frühlingszwiebeln

Meersalz

1 EL Rapsöl

1 Orange

200 g Himbeeren (frisch oder TK)

2 EL Agavendicksaft (Bioladen)

Pfeffer

½ Kästchen Kresse

1 Den Spargel schälen, von den unteren Enden befreien und in ca. 2 cm große Stücke schneiden. Die Tomaten waschen und trocknen. Die Frühlingszwiebeln waschen, putzen und in feine Ringe schneiden.

2 Reichlich Salzwasser in einem Topf zum Kochen bringen, den Spargel darin in ca. 5 Min. bissfest garen. Spargel in ein Sieb abgießen und abtropfen lassen.

3 In einer großen Pfanne das Rapsöl erhitzen. Den Spargel und die Tomaten darin ca. 3 Min. braten, dann die Frühlingszwiebeln zugeben und 3 Min. mitbraten.

4 Für die Vinaigrette die Orange halbieren und auspressen. Mit einem Pürierstab in einem hohen Gefäß den Orangensaft, die Himbeeren und den Agavendicksaft pürieren, mit etwas Salz und Pfeffer abschmecken.

5 Das Gemüse auf zwei Teller verteilen, die Vinaigrette gleichmäßig darüber verteilen. Mit einer Schere etwas Kresse abschneiden und auf dem Gemüse verteilen.

FLEISCH & FISCH

HÄHNCHENSALAT

MIT KOKOS-CHILI-DRESSING

FÜR 2 PERSONEN
ZUBEREITUNGSZEIT: 30 MIN.
PRO PORTION: CA. 560 KCAL

100 g Schlangenbohnen
(Asialaden) / *die können auch*
roh gegessen werden

50 g Blattspinat / *am feinsten*
schmeckt Babyspinat

1 rote Chilischote

2 EL Erdnussöl

1 Bio-Limette

1 EL Agavendicksaft (Bioladen)

2 Hähnchenbrustfilets

5 Stiele Koriandergrün
(z. B. Asialaden)

75 ml Kokosmilch

1 EL Fischsauce (Asialaden)

1 Die Schlangenbohnen waschen, putzen und in 2 cm lange Stücke schneiden. Den Spinat waschen, verlesen und trocken schütteln. Die Chili waschen und längs halbieren, Stiel und Samen entfernen und die Schote in feine Streifen schneiden.

2 Das Erdnussöl in einer Pfanne bei mittlerer Temperatur erhitzen. Die Limette heiß waschen und einen Teil der Limettenschale mit einer Küchenreibe ins Öl reiben (3–4 Mal reiben). Die Chilistreifen und den Agavendicksaft hinzugeben und ca. 1 Min. anschwitzen. Die Hähnchenbrustfilets im gewürzten Öl von beiden Seiten in je ca. 7 Min. braun braten.

3 Inzwischen den Koriander waschen und mit den Stielen klein hacken. Die Limette halbieren und auspressen. In einer großen Schale die Kokosmilch mit Limettensaft, Fischsauce und Koriander mischen.

4 Den Spinat mit den Bohnen auf zwei Tellern anrichten. Die Hähnchenbrustfilets in dicke Scheiben schneiden und auf dem Salat anrichten. Das Dressing darübergeben und den Salat servieren.

DETOX-FAKT

Dieser Salat ist ein echter Glücklichmacher:
Das Capsaicin im Chili sorgt für den sogenannten
»Pepper-High-Effect«. Um dem Schmerz der Schärfe
entgegenzuwirken, produziert der Körper Endorphine –
und die machen glücklich und beschwingt.

LACHS-CARPACCIO

MIT FENCHEL UND ERDBEEREN

FÜR 2 PERSONEN
ZUBEREITUNGSZEIT: 30 MIN.
PRO PORTION: CA. 340 KCAL

2 Fenchelknollen

200 g Lachsfilet ohne Haut und Gräten (in Sashimi-Qualität)

10 Erdbeeren / *schön reif und rot*

1 kleines Bund Schnittlauch

2 Bio-Zitronen

1 EL Olivenöl

Meersalz | Pfeffer

Außerdem:

6 Eiswürfel für ein Eiswasserbad

1 Wasser in einem Topf zum Kochen bringen. Eine Schüssel mit eiskaltem Wasser bereitstellen. Fenchelknollen halbieren, waschen, putzen und den festen Strunk entfernen. Die Fenchelhälften im kochenden Wasser 2 Min. blanchieren, im eiskalten Wasser abschrecken und beiseitestellen.

2 Das Lachsfilet längs in dünne Scheiben schneiden. Ein Küchenbrett mit Klarsichtfolie auslegen und die Lachsscheiben, ohne dass sie überlappen, drauflegen. Über die Lachsscheiben wieder eine Klarsichtfolie spannen und den Lachs nun vorsichtig mit einem Fleischklopfer oder der Unterseite einer kleiner Pfanne plattieren. Auf diese Weise mit allen Lachsscheiben verfahren und diese dann in den Kühlschrank stellen.

3 Die Erdbeeren waschen, entkelchen und in hauchfeine Scheiben schneiden. Den Schnittlauch waschen, trocken schütteln und in Ringe schneiden. 1 Zitrone halbieren, auspressen und aus dem Saft mit Olivenöl, etwas Salz und Pfeffer eine Marinade herstellen.

4 Den Fenchel längs in feine Streifen schneiden. Den Lachs überlappend auf zwei Tellern auslegen, die Fenchelstreifen und die Erdbeerscheiben darauf verteilen.

5 Die zweite Zitrone heiß waschen und abtrocknen, die Schale abreiben und den Zitronenabrieb über dem Lachs verteilen. Dann den Schnittlauch und die Marinade darübergeben und das Ganze vor dem Servieren ein paar Minuten durchziehen lassen.

DETOX-TIPP

Diese Kombi macht es Ihnen besonders leicht, sich richtig Zeit fürs Essen zu nehmen: Schmecken Sie doch mal genau hin, wie gut Erdbeeren auch in herzhafte Gerichte passen!

LACHS-AVOCADO-SALAT

IN DER AVOCADO

FÜR 2 PERSONEN
ZUBEREITUNGSZEIT: 15 MIN.
PRO PORTION: CA. 590 KCAL

200 g Lachsfilet ohne Haut und
Gräten (in Sashimi-Qualität)

2 EL Olivenöl

1 EL Cashewkerne

1 Schalotte

1 Bund glatte Petersilie

1 Avocado

1 Limette

2 EL Sojadrink / *alternativ:*
Kuhmilch 3,5 % Fett

Meersalz | Pfeffer

1 Das Lachsfilet in ca. 1 cm große Würfel schneiden und mit 1 EL Olivenöl marinieren.

2 Die Cashewkerne in einer Pfanne ohne Öl rösten, bis sie Farbe bekommen, und dann mithilfe eines Mörsers oder eines Messers grob zerkleinern. Die Schalotte schälen und fein würfeln. Die Petersilie waschen und trocken schütteln, die Blättchen abzupfen und fein hacken.

3 Die Avocado längs halbieren und den Kern entfernen. Vorsichtig mit einem Esslöffel das Fleisch aus der Schale heben, ohne diese zu verletzen. Das Avocadofleisch etwas feiner als den Lachs würfeln, in eine Schüssel geben und bis zur Verwendung mit einem feuchten Tuch bedeckt im Kühlschrank aufbewahren.

4 Die Limette halbieren und auspressen. Aus Limettensaft, Sojadrink und 1 EL Olivenöl ein Dressing rühren und mit etwas Pfeffer und Salz abschmecken.

5 Lachs, Nüsse, Petersilie und Schalotte zur Avocado geben, alles vorsichtig mischen und die Marinade unterheben. Den Salat auf die zwei Avocadoschalenhälften verteilen und servieren.

DETOX-FAKT

Lachs enthält einiges an Proteinen und Omega-3-Fettsäuren. Das Beste: Lachs macht auch noch fröhlich: Er trägt zur Serotoninproduktion im Körper und damit zu geistigem und körperlichem Wohlbefinden bei.

GARNELENSPIESSE MIT GLAS-NUDELN UND MINZE

FÜR 2 PERSONEN
ZUBEREITUNGSZEIT: 25 MIN.
PRO PORTION: CA. 610 KCAL

600 g große Garnelen
(ohne Kopf und Schale)

12 Limettenblätter
(Asialaden, TK)

Meersalz | Pfeffer

100 g Glasnudeln (Asialaden)

1 Bund Koriandergrün
(z. B. Asialaden)

10 Minzblätter

6 Kirschtomaten

1 Frühlingszwiebel

1 Stange Staudensellerie

3 EL Sesamöl

1 Limette

Außerdem:

lange Holzspieße

1 Die Garnelen unter kaltem Wasser gründlich spülen, trocken tupfen und jeweils drei Garnelen abwechselnd mit den Limettenblättern auf die Holzspieße stecken. Die Spieße leicht salzen und pfeffern.

2 Die Glasnudeln für 3 Min. in heißes (nicht kochendes) Wasser legen. Sobald sie weich sind, aus dem Wasser nehmen, abtropfen lassen und in lauwarmem Wasser liegend beiseitestellen.

3 Den Koriander und die Minze waschen und grob hacken. Die Kirschtomaten waschen und halbieren. Die Frühlingszwiebeln sowie den Staudensellerie waschen, putzen und in sehr dünne Ringe schneiden.

4 1 EL Sesamöl in einer Pfanne erhitzen und die Garnelenspieße darin bei geringer Hitze von beiden Seiten goldgelb anbraten. Inzwischen die Glasnudeln abgießen und gut abtropfen lassen.

5 Die Glasnudeln mit dem Koriander, der Minze, der Frühlingszwiebel, dem Sellerie und den Kirschtomaten vorsichtig vermischen. Die Limette halbieren und auspressen. Aus Limettensaft, 2 EL Sesamöl, etwas Salz und Pfeffer eine Marinade herstellen und unter den Salat heben. Den Salat mit den Garnelenspießen servieren.

GEFÜLLTE HÄHNCHENBRUST

MIT BERGLINSENGEMÜSE

FÜR 2 PERSONEN
ZUBEREITUNGSZEIT:
40 MIN. + 1 STD. QUELLEN
PRO PORTION: CA. 550 KCAL

50 g getrocknete Shiitakepilze
(Asialaden)

50 g Champignons

2 Schalotten

2–3 EL Rapsöl

2 Hähnchenbrüste mit Haut
(ohne Knochen)

Meersalz | Pfeffer

100 g Berglinsen

300 ml Gemüsebrühe / *am besten*
selbst gekocht – oder aus dem Bio-
laden ohne Glutamat

1 Frühlingszwiebel

10 Kirschtomaten

1 Die Shiitakepilze ca. 1 Std. in kaltem Wasser quellen lassen. Dann abgießen und fein hacken. Die Champignons putzen und ebenfalls fein hacken.

2 Schalotten schälen und sehr fein würfeln. 1 EL Rapsöl in einer Pfanne erhitzen und die Schalotten und Pilze darin bei niedriger Hitze und unter Rühren dünsten, bis die Pilzmasse relativ trocken ist.

3 Den Backofen auf 130° vorheizen. An einer Seite der Hähnchenbrüste mittig eine tiefe Tasche einschneiden und je mit der Hälfte der Pilzmasse füllen. Die gefüllten Hähnchenbrüste nun leicht salzen und pfeffern. 1 EL Öl in einer ofenfesten Pfanne erhitzen und die Hähnchenbrüste darin auf beiden Seiten kurz anbraten, dann in der Pfanne im Ofen ca. 20 Min. weitergaren.

4 Die Linsen in ein Sieb geben, kalt abspülen und abtropfen lassen. 1 EL Rapsöl in einen Topf geben und bei mittlerer Temperatur die Linsen darin leicht anschwitzen. Anschließend die Gemüsebrühe hinzugeben und die Linsen ca. 10 Min. garen lassen.

5 Inzwischen die Frühlingszwiebel waschen, putzen und in feine Ringe schneiden. Die Kirschtomaten waschen und halbieren. Tomaten und Frühlingszwiebeln zu den Linsen geben und alles unter Rühren gar schmoren lassen (Garzeit gemäß Angabe auf der Linsenpackung).

6 Die Hähnchenbrüste aus dem Ofen nehmen und einige Minuten ruhen lassen. Dann mittig halbieren und zusammen mit dem Linsengemüse servieren.

KALBSROULADE

MIT GEFÜLLTER PAPRIKA

FÜR 2 PERSONEN
ZUBEREITUNGSZEIT: 45 MIN.
PRO PORTION: CA. 485 KCAL

2 Kalbsrückensteaks (à ca. 200 g)

2–4 Wirsingblätter

Meersalz | Pfeffer

2 EL Olivenöl

40 g Walnusskerne

12 Kirschtomaten

2 Zweige Thymian

10 Minzblätter

2 Paprikaschoten

Außerdem:

Holzstäbchen

1 Den Backofen auf 160° vorheizen. Die Kalbsrückensteaks mit Frischhaltefolie bedecken und mit einem Fleischklopfer oder mit der Unterseite einer Bratpfanne sehr dünn plattieren.

2 Wasser in einem weiten Topf zum Kochen bringen. Die Wirsingblätter darin blanchieren, mit einem Küchentuch trocken tupfen und auf den Steaks verteilen, sodass das Fleisch vollständig bedeckt ist. Die Steaks aufrollen und mit Holzstäbchen fixieren. Von allen Seiten mit 1 Prise Salz und Pfeffer würzen. In einer Pfanne 1 EL Olivenöl erhitzen und die Rouladen darin von allen Seiten leicht anbraten und beiseitestellen.

3 Die Walnusskerne hacken. Kirschtomaten waschen, trocknen und halbieren. Thymian und Minze waschen und fein hacken. In einer zweiten Pfanne 1 EL Olivenöl erhitzen, die Walnüsse und die Kirschtomaten kurz darin schmoren, dann die Kräuter dazugeben.

4 Die Paprikaschoten waschen. Oben einen Deckel abschneiden und die Samen entfernen. Die Schoten mit der Tomaten-Walnuss-Masse füllen und mit den abgeschnittenen Paprikadeckeln wieder verschließen.

5 Kalbsrouladen und gefüllte Paprikaschoten in eine feuerfeste Auflaufform geben und im heißen Backofen ca. 30 Min. schmoren. Heiß servieren.

JAKOBSMUSCHELN

FÜR 2 PERSONEN
ZUBEREITUNGSZEIT: 30 MIN.
PRO PORTION: CA. 640 KCAL

1 Möhre

1 Frühlingszwiebel

2 große rote Chilischoten

100 g Cashewkerne

12 ausgelöste Jakobsmuscheln /
frisch oder auch TK im Supermarkt

2 EL Sesamöl

2 Limetten

Meersalz | Pfeffer

10 Minzblätter

10 Basilikumblätter

1 Die Möhre putzen, schälen und längs in sehr feine Scheiben, diese dann in Streifen schneiden. Eine lange Möhre vorher ggf. quer halbieren oder dritteln. Die Frühlingszwiebel waschen, putzen und den weißen bis hellgrünen Teil ebenfalls längs in sehr feine Streifen schneiden. Die Chilischoten halbieren, die Kerne entfernen und die Chilis sehr fein hacken.

2 Die Cashewkerne in einer Pfanne ohne Öl anrösten und in einem Mörser leicht zerdrücken. Alternativ die Nüsse in einen Gefrierbeutel füllen und mit der Unterseite einer kleinen Pfanne leicht zerdrücken.

3 Den Ofen auf 120° vorheizen. Die Jakobsmuscheln waschen und trocken tupfen. 1 EL Sesamöl in der Pfanne erhitzen und die Jakobsmuscheln darin von beiden Seiten knusprig anbraten. Dann die heiße Pfanne mit den Muscheln für ca. 5 Min. in den heißen Ofen stellen.

4 Inzwischen die Limetten halbieren und auspressen. Den Limettensaft mit 1 EL Sesamöl mischen, mit Salz und Pfeffer abschmecken. Die Minz- und Basilikumblätter waschen und trocken tupfen.

5 Möhren- und Frühlingszwiebelstreifen, Cashewkerne, Minze und Basilikum mit dem Dressing mischen. Den Salat mit den gebratenen Jakobsmuscheln auf zwei Tellern anrichten und servieren.

GRÜNES CURRY

MIT HÄHNCHEN UND MAIS

FÜR 2 PERSONEN
ZUBEREITUNGSZEIT: 40 MIN.
PRO PORTION: CA. 630 KCAL

2 Hähnchenbrustfilets

3 Knoblauchzehen

1 Stück frischer Ingwer (2 cm)

½ Bund Koriandergrün
(z. B. Asialaden)

1 EL Reismehl (Asialaden)

Meersalz

1 EL Rapsöl

2 EL grüne Currypaste

800 ml Kokosmilch (Asialaden) /
*die Dose vor dem Öffnen
nicht schütteln*

100 g Baby-Mais

100 g Schlangenbohnen
(Asialaden)

½ Bund Thai-Basilikum
(Asialaden)

1 Die Hähnchenbrustfilets in kleine Würfel schneiden. Den Knoblauch und den Ingwer schälen und fein würfeln. Den Koriander waschen, trocken schütteln, die Blätter abzupfen und grob hacken.

2 Alles in einem Mixer oder mit einem Pürierstab zu einer feinen glatten Masse verarbeiten. Diese auf die Arbeitsfläche geben, das Reismehl dazugeben und die Masse ca. 10 Min. kneten. Etwas Salz zugeben und aus der Fleischmasse kleine Bällchen formen.

3 In einem Topf das Rapsöl erhitzen und die Currypaste darin anbraten. Ein paar Esslöffel Kokoscreme (das Feste oben in der Dose) dazugeben und die Mischung weiterbraten, bis sie stark duftet. Dann die restliche Kokosmilch dazugeben und das Curry bei starker Hitze 5 Min. kochen lassen.

4 Inzwischen den Mais waschen, putzen und quer halbieren. Die Schlangenbohnen waschen, putzen und in 3 cm lange Stücke schneiden. Das Gemüse mit den Fleischbällchen in den Topf geben und weitere 3 Min. köcheln lassen. Das Thai-Basilikum waschen, trocken schütteln und die Blätter abzupfen.

5 Das Curry in zwei tiefe Teller füllen, mit den Thai-Basilikumblättern bestreuen und servieren.

DETOX-FAKT

Thai-Basilikum kann helfen, den Fettstoffwechsel anzukurbeln. Es soll außerdem als Stresskiller wirken, indem es die Stimmung positiv beeinflusst und den Kopf klärt.

130 FLEISCH & FISCH

LACHS IM SPINATBLATT

FÜR 2 PERSONEN
ZUBEREITUNGSZEIT: 45 MIN.
PRO PORTION: CA. 620 KCAL

3–4 mittelgroße festkochende Kartoffeln

10 große Spinatblätter / *alternativ: Mangold-, Chinakohl- oder Pak-Choi-Blätter*

12 kleine Kirschtomaten

2 Lachsfilets (à 200 g)

3 EL Olivenöl

Meersalz | Pfeffer

1 Bund Dill

½ Salatgurke

1 Zitrone

1 EL grober Senf

Außerdem:

6 Eiswürfel für ein Eiswasserbad

1 Die Kartoffeln waschen und in reichlich Wasser gar kochen. Inzwischen den Spinat waschen und verlesen. Wasser in einem Topf zum Kochen bringen. Eine Schüssel mit Eiswasser bereitstellen.

2 Den Spinat sehr kurz im kochenden Wasser blanchieren, herausheben im eiskalten Wasser abschrecken und auf Küchenpapier trocknen lassen. Die Tomaten einritzen, für einige Minuten in das wieder kochende Spinatwasser geben, abgießen und die Haut abziehen.

3 Den Lachs mit 1 EL Olivenöl einreiben, leicht salzen und pfeffern. Nun die Spinatblätter leicht überlappend aneinander legen, jeweils ein Lachsfilet in den Spinat einwickeln. Zum Dämpfen des Lachses etwas Wasser in einem Topf erhitzen und eine leere Tasse in den Topf stellen, sodass sie oberhalb des Wassers herausguckt. Auf die Tasse einen kleinen Teller stellen und den Lachs darauf platzieren. Den Topf mit dem Deckel verschließen und den Lachs bei geringer Hitze ca. 15 Min. dämpfen.

4 Inzwischen 1 EL Olivenöl in einem kleinen Topf erhitzen, die geschälten Tomaten darin andünsten und mit einer Gabel etwas zerdrücken, sodass der Saft aus den Tomaten heraustritt. Etwas salzen und pfeffern und bei geringer Hitze sanft schmoren lassen.

5 Inzwischen den Dill waschen, trocken schütteln, die Blättchen abzupfen und fein hacken. Die Gurke schälen, längs halbieren und mit einem Teelöffel die Kerne mit dem geleeartigen Fruchtfleisch entfernen. Die halbierte Gurke in 1 cm dicke Stücke schneiden und in einer Schale mit dem Dill mischen.

6 Die Kartoffeln abgießen, pellen, in dünne Scheiben schneiden und zur Gurke geben. Die Zitrone halbieren und auspressen, den Zitronensaft mit 1 EL Olivenöl, dem Senf und etwas Wasser vermischen und über den Kartoffel-Gurken-Salat geben.

7 Den Lachs mit den geschmorten Tomaten und dem Kartoffel-Gurken-Salat servieren.

GARNELEN-WAN-TAN

MIT GEBRATENEM SPARGEL

FÜR 2 PERSONEN
ZUBEREITUNGSZEIT: 50 MIN.
PRO PORTION: CA. 450 KCAL

50 g frischer Ingwer

400 g frische Garnelen
(ohne Kopf und Schale)

1 Bund Koriandergrün
(z. B. Asialaden)

Meersalz | Pfeffer

1 Packung Wan-Tan-Blätter
(TK, Asialaden) / *benötigt
werden 14 Stück*

300 g grüner Spargel /
alternativ: Brokkoli

2 Schalotten

1–2 EL Olivenöl

2 Bio-Limetten

Außerdem:

Bambus-Dämpfer (Asialaden) /
*alternativ: Kochtopf mit
eingeöltem Metalldämpfeinsatz*

1 Den Ingwer schälen und fein hacken. Die Garnelen waschen, mit Küchenpapier trocken tupfen und ebenfalls fein hacken. Den Ingwer und die Garnelen mischen. Das Koriandergrün waschen, trocken schütteln, fein hacken und ebenfalls untermischen. Die Masse etwas salzen und pfeffern.

2 14 Wan-Tan-Blätter ausbreiten (die restlichen Wan-Tan-Blätter können einfach wieder eingefroren werden) und jeweils 1–2 TL Garnelenmasse mittig darauf verteilen. Die Seiten des Blattes hochklappen, die Wan-Tan sollten oben offen sein. Die fertigen Wan-Tan in den Kühlschrank stellen.

3 In einem Topf Wasser zum Kochen bringen. Die Enden des Spargels abschneiden und den Spargel im kochenden Wasser in ca. 10 Min. bissfest garen, dann in sehr kaltem Wasser abschrecken. Den Spargel in mundgerechte Stücke schneiden und abkühlen lassen.

4 Die Wan-Tan in einem Bambus-Dämpfer verteilen und verschließen. In einen großen Topf Wasser geben und den Bambus-Dämpfer einsetzen (die Wan-Tan dürfen nicht im Wasser stehen). Die Wan-Tan exakt 10 Min. dämpfen, bevor das komplette Wasser verdampft ist, etwas Wasser nachfüllen.

5 Inzwischen die Schalotten schälen, fein würfeln und in einer Pfanne im heißen Olivenöl anschwitzen. Die Spargelstücke dazugeben und leicht anbraten. Die Limetten heiß waschen und abtrocknen. Mit einer Reibe die Limettenschale abreiben und zu dem Spargel geben. Bei Bedarf etwas salzen und pfeffern.

6 Den Spargel mit den Wan-Tan zusammen servieren.

DETOX-PLÄNE

FÜR EIN WOCHENENDE ODER EINE WOCHE

Auf den folgenden Seiten habe ich Ihnen Beispielpläne für Detox-Kuren zusammengestellt, entweder für ein Wochenende oder für eine ganze Woche. Das Detox-Wochenende ist eine reine Trink-Kur und mein Fitmach-Geheimnis für Zwischendurch. Bei der Detox-Woche dagegen gibt es auch Gekochtes, sie ist genau das Richtige zum beschwingten Start in den Frühling.

Wer richtig motiviert ist, kann übrigens zuerst das Smoothie-Wochenende machen und direkt eine Woche mit Detox-Kost anschließen. Aber: Länger als 21 Tage sollte keine Detox-Kur dauern. Versuchen Sie stattdessen lieber, die Detox-Booster von S. 10 in Ihren Alltag einzubauen, oder kochen Sie auch mal zwischendurch eines der Gerichte aus dem Kochbuch.

DETOX-PLÄNE SELBST ZUSAMMENSTELLEN

Die folgenden Pläne können Sie dann als Grundlage für Ihre eigenen Detox-Kuren nehmen. Das Grundprinzip bleibt immer gleich: Pro Tag bestehen meine Detox-Kuren aus fünf Komponenten. Als Starter, am besten gleich nach dem Aufstehen, gibt es eine Tasse frisch gebrühten Ingwertee. Die Trink-Kur besteht dann aus vier Smoothies über den Tag verteilt; wer einmal am Tag etwas Warmes braucht, ersetzt einfach einen der Smoothies durch Suppe. Bei der Detox-Kost folgt auf den Starter nach etwa einer halben Stunde das Frühstück. Wer mag und gerne zum Frühstück etwas Heißes im Magen hat, trinkt dazu eine weitere Tasse Tee (gerne Ingwertee oder auch den Lieblingskräutertee). Aber nicht vergessen: Während der gesamten Detox-Kur gibt es weder Kaffee noch schwarzen bzw. grünen Tee! Mittags gibt es einen leichten Salat bzw. eine Suppe, nachmittags einen weiteren Smoothie. Abends wird dann aus einem der beiden letzten Kapitel frisch gekocht. Für beide Kuren gilt: Trinken nicht vergessen! Am besten Wasser, ungesüßten Kräutertee oder eines der Getränke von S. 12. Bei der Trink-Kur sind etwa 1,5 l Flüssigkeit pro Tag ideal, bei Detox-Kost etwa 2 l. Mehr sollte es aber nicht sein: Zu viel Flüssigkeit kann dazu führen, dass nicht nur die Schad- sondern auch wichtige Mineralstoffe aus dem Körper geschwemmt werden.

 Auf den folgenden Seiten können Sie die Detox-Pläne einfach per Scan auf Ihr Smartphone laden.

DETOX-WOCHENENDE

SAMSTAG

STARTER			
STARTER	Frischer Ingwertee (S. 13)	Frischer Ingwertee (S. 13)	Frischer Ingwertee (S. 13)
FRÜHSTÜCK	Power-Frühstücks-Smoothie (S. 20, Tipp)	Erdbeer-Tofu-Smoothie (S. 28)	Goji-Smoothie mit Banane und Apfel (S. 35)
MITTAG	Spinat-Smoothie mit Minze und Limette (S. 36)	Avocado-Smoothie mit Banane (S. 41)	Zucchini-Smoothie (S. 36, Tipp)
NACHMITTAG	Mango-Lassi mit Limette (S. 32)	Gelber Smoothie (S. 30, Tipp)	Pink Smoothie (S. 30)
ABENDS	Rote-Bete-Smoothie mit Ananas (S. 38)	Gemüse-Smoothie mit Paprika und Tomate (S. 42)	Spinat-Smoothie mit Minze und Limette (S. 36)

FREITAG

SONNTAG

WOCHEN PLAN

DIENSTAG

		DIENSTAG	MITTWOCH
STARTER	Frischer Ingwertee (S. 13)	Frischer Ingwertee (S. 13)	Frischer Ingwertee (S. 13)
FRÜHSTÜCK	Sojajoghurt mit Fruchtsalat (S. 26)	Granola mit Mangopüree (S. 25)	Amaranthmüsli mit Beeren (S. 18)
MITTAG	Tomaten-Gemüse-Topf (S. 53)	Edamame mit Meersalz (S. 50)	Süßkartoffelsuppe mit Korianderpesto (S. 58)
NACHMITTAG	Goji-Smoothie mit Banane und Apfel (S. 35)	Mango-Lassi mit Limette (S. 32)	Erdbeer-Tofu-Smoothie (S. 28)
ABENDS	Pastinaken-Püree mit Kräutersalat (S. 97)	Polentaquiche mit Shiitake (S. 87)	Kokos-Erdnuss-Curry (S. 106)

MONTAG

MITTWOCH

DONNERSTAG

Frischer Ingwertee (S. 13)

Detox-Müsli
mit Mango (S. 16)

Linsen-Tomaten-Salat
mit Senfdressing (S. 76)

Goji-Smoothie mit
Banane und Apfel (S. 30)

Ratatouillegemüse
mit Rucola (S. 102)

SAMSTAG

Frischer Ingwertee (S. 13)

Granola
mit Mangopüree (S. 24)

Rote-Bete-Salat mit
Orangen und Nüssen (S. 68)

Erdbeer-Tofu-
Smoothie (S. 28)

Safrangemüse mit
Röstkartoffeln (S. 94)

Frischer Ingwertee (S. 13)

Amaranthmüsli
mit Beeren (S. 20)

Blumenkohlsuppe
mit jungem Spinat (S. 56)

Mango-Lassi
mit Limette (S. 32)

Kartoffel-Avocado-
Burger (S. 110)

Frischer Ingwertee (S. 13)

Sojajoghurt
mit Fruchtsalat (S. 26)

Sesam-Salat mit
Austernpilzen (S. 80)

Pink Smoothie
(S. 30)

Ofengemüse mit Senfdip
(S. 104)

FREITAG

SONNTAG

REGISTER

Damit Sie Rezepte mit bestimmten Zutaten schneller finden, sind diese **hervorgehoben.** Darunter stehen alphabetisch geordnet die jeweiligen Rezepte.

REGISTER

IMPRESSUM

© 2014 GRÄFE UND UNZER VERLAG GmbH, München Alle Rechte vorbehalten. Nachdruck, auch auszugsweise, sowie die Verbreitung durch Film, Funk, Fernsehen und Internet, durch fotomechanische Wiedergabe, Tonträger und Datenverarbeitungssysteme jeglicher Art nur mit schriftlicher Genehmigung des Verlages.

 www.facebook.com/gu.verlag

Projektleitung: Melanie Haizmann
Lektorat: Claudia Lenz, Essen
Korrektorat: Petra Bachmann
Innen- und Umschlaggestaltung: independent Medien-Design, Horst Moser, München
Herstellung: Renate Hutt
Satz: Ute Fründt, München
Reproduktion: medienprinzen, München
Druck und Bindung: Printer Trento, Trento
Syndication: www.jalag-syndication.de

1. Auflage 2014
ISBN 978–3–8338–3779–1

**QUALITÄTS
G|U
GARANTIE**

DIE AUTORIN

Nicole Staabs betreibt seit 2009 einen Versand für Detox-Kuren in Hamburg (www.detox-hamburg.com). Sie selbst sieht das Entgiften vollkommen undogmatisch: Sie trinkt Kaffee, isst Fleisch und macht etwa zweimal im Jahr eine Detox-Kur.

DIE FOTOGRAFIN

Coco Lang fotografiert Food und Stills in München. Die Detox-Rezepte hat sie mit Foodstylist Sven Dittmann und Assistentin Alina Neumeier in Szene gesetzt.

Bildnachweis:
Alle Fotos: Coco Lang
Außer Autorenfoto: dirk schmidt/dsphotos.de

Backofenhinweis: Die Backzeiten können je nach Herd variieren. Die Temperaturangaben in unseren Rezepten beziehen sich auf das Backen im Elektroherd mit Ober- und Unterhitze und können bei Gasherden oder Backen mit Umluft abweichen. Details entnehmen Sie bitte Ihrer Gebrauchsanweisung.

Liebe Leserin, lieber Leser,

haben wir Ihre Erwartungen erfüllt? Sind Sie mit diesem Buch zufrieden? Haben Sie weitere Fragen zu diesem Thema? Wir freuen uns auf Ihre Rückmeldung, auf Lob, Kritik und Anregungen, damit wir für Sie immer besser werden können.

GRÄFE UND UNZER Verlag
Leserservice
Postfach 86 03 13
81630 München
E-Mail:
leserservice@graefe-und-unzer.de

Telefon: 00800 / 72 37 33 33*
Telefax: 00800 / 50 12 05 44*
Mo–Do: 8.00–18.00 Uhr
Fr: 8.00–16.00 Uhr
(* gebührenfrei in D, A, CH)

Ihr GRÄFE UND UNZER Verlag
Der erste Ratgeberverlag – seit 1722.

GRÄFE
UND
UNZER

Ein Unternehmen der
GANSKE VERLAGSGRUPPE